O PODER DO PENSAMENTO
CONSCIENTE

Editora Appris Ltda.
1.ª Edição - Copyright© 2023 da autora
Direitos de Edição Reservados à Editora Appris Ltda.

Nenhuma parte desta obra poderá ser utilizada indevidamente, sem estar de acordo com a Lei nº 9.610/98. Se incorreções forem encontradas, serão de exclusiva responsabilidade de seus organizadores. Foi realizado o Depósito Legal na Fundação Biblioteca Nacional, de acordo com as Leis nºs 10.994, de 14/12/2004, e 12.192, de 14/01/2010.

Catalogação na Fonte
Elaborado por: Josefina A. S. Guedes
Bibliotecária CRB 9/870

M827p
2023
	Morais, Lucimara de
	   O poder do pensamento consciente / Lucimara de Morais. – 1. ed. – Curitiba : Appris, 2023.
	   134 p. ; 21 cm.
	
	   ISBN 978-65-250-4785-0
	
	   1. Pensamento. 2. Realidade. I. Título.
	
	                                                    CDD – 153.42

Editora e Livraria Appris Ltda.
Av. Manoel Ribas, 2265 – Mercês
Curitiba/PR – CEP: 80810-002
Tel. (41) 3156 - 4731
www.editoraappris.com.br

Printed in Brazil
Impresso no Brasil

Lucimara de Morais

O PODER DO PENSAMENTO
CONSCIENTE

FICHA TÉCNICA

EDITORIAL	Augusto Vidal de Andrade Coelho
	Sara C. de Andrade Coelho
COMITÊ EDITORIAL	Marli Caetano
	Andréa Barbosa Gouveia (UFPR)
	Jacques de Lima Ferreira (UP)
	Marilda Aparecida Behrens (PUCPR)
	Ana El Achkar (UNIVERSO/RJ)
	Conrado Moreira Mendes (PUC-MG)
	Eliete Correia dos Santos (UEPB)
	Fabiano Santos (UERJ/IESP)
	Francinete Fernandes de Sousa (UEPB)
	Francisco Carlos Duarte (PUCPR)
	Francisco de Assis (Fiam-Faam, SP, Brasil)
	Juliana Reichert Assunção Tonelli (UEL)
	Maria Aparecida Barbosa (USP)
	Maria Helena Zamora (PUC-Rio)
	Maria Margarida de Andrade (Umack)
	Roque Ismael da Costa Güllich (UFFS)
	Toni Reis (UFPR)
	Valdomiro de Oliveira (UFPR)
	Valério Brusamolin (IFPR)
SUPERVISOR DA PRODUÇÃO	Renata Cristina Lopes Miccelli
PRODUÇÃO EDITORIAL	William Rodrigues
REVISÃO	Marcela Vidal Machado
DIAGRAMAÇÃO	Renata Cristina Lopes Miccelli
CAPA	Sheila Alves

Esta obra é dedicada à pessoa mais importante na minha vida e talvez você pense que estou me referindo ao meu filho (que também é muito importante, sim; te amo, filho), mas essa pessoa é o amor da minha vida, meu marido Jaques, que como brincadeira (piadinha interna) chamo de Papi. Sem ele a Lucimara de Morais não viria a público e não se tornaria a maior treinadora de todas. Ele é meu maior incentivador, meu sócio, meu melhor amigo. Neste momento, em que escrevo essa dedicatória, ao som de Shania Twain, voando na primeira classe, voltando de um tour pela Europa pelo qual fui receber o título de Dra. Honoris Causa em Filosofia (o qual eu não teria se não fosse o apoio e reconhecimento desse homem), estou chorando e escrevendo essas palavras para me referir ao homem mais incrível que eu tenho o prazer de chamar de parceiro. Obrigada por me tornar a minha melhor versão e obrigada pelos mais de 20 anos que me atura. Te amo.

AGRADECIMENTOS

Não poderia escrever este livro sem agradecer às pessoas que foram e ainda são importantes na minha carreira. Minha equipe, que incansavelmente vem fazendo um trabalho incrível, sempre se dedicando a entregar o melhor. Não importa se é feriado, Natal ou Páscoa, eles estão sempre dispostos a deixar um legado que me enche de orgulho. São pessoas fantásticas, sem as quais eu não poderia chegar aonde cheguei. Meus mais sinceros agradecimentos a cada membro da equipe. Agradeço aos meus seguidores, que acompanham cada crescimento durante a minha trajetória, a cada novo conteúdo no qual crescemos juntos em conhecimento e em expansão de consciência.

Porém, meu agradecimento mais que especial é a todos os meus milhares de alunos no Brasil e no mundo, que confiam no trabalho que eu faço, que confiam em cada aula, em cada descoberta e em cada teoria que já compartilhei com todos eles até hoje. São famílias inteiras que já foram impactadas com as minhas palestras, aulas e treinamentos, que nos tornam notáveis a cada dia que passa. Muito obrigada pela confiança, admiração e carinho de cada um de vocês. Quando cada aluno cresce e evolui, eu evoluo com eles.

Agradeço ao meu filho Thierry por compreender e aceitar que na maioria das vezes a mãe estava aqui estudando e trabalhando, por saber que a mãe dele passa horas na frente do computador estudando, fazendo aula ou lendo um livro e que durante a vida inteira se dedicou a ser cada vez melhor, pois, quando você, filho, nasceu, eu não tinha o leite para te alimentar, mas hoje posso te ensinar e te fazer alcançar tudo o que quiser.

Agradeço ao meu marido, que tornou tudo isso alcançável e apostou em mim quando até eu desisti. E obrigada a você, que escolheu ter este livro nas mãos, já sei que é uma pessoa inteligente e de bom gosto. Aproveite a leitura!

APRESENTAÇÃO

Esta obra resume o despertar do leitor e uma nova era no que diz respeito ao que pensamos todos os dias!

Imagine você descobrir que o que você pensar todos os dias, dia após dia, é a base de toda a sua realidade. Isso te deixa feliz ou assustado?

Sei que a resposta da maioria será: assustado. 97% das pessoas no mundo não são capazes de controlar seus próprios pensamentos, apenas repetindo padrões anteriores que inclusive são sempre os mesmos pensamentos de sempre e isso faz uma marca (literalmente) em seu cérebro – como uma estrada na floresta – que cria a sua realidade 24 horas por dia.

A grande verdade, o segredo obscuro do ser humano e que ninguém te contou ainda (neste livro eu irei te contar tudo) é que "somos o que pensamos" – e quem disse isso não fui eu, mas Buda. Isso só reforça a máxima de que se você não aprender a verdade sobre seus próprios pensamentos, eu lamento, mas você não terá chance alguma nessa vida.

Muitas pessoas ainda não sabem como o pensamento consciente, esse ato de pensar todos os dias, é poderoso, aliás, na minha opinião técnica eu diria que esses milhares de pensamentos que todos nós (eu, você, o vizinho) temos todos os dias são os grandes responsáveis pelo seu sucesso ou pelo seu fracasso.

Muitos procuram na reprogramação mental, na técnica, na frequência e na vibração algo que está apenas no modo de pensar, apenas na consciência e que poderia ser facilmente resolvido aprendendo a dominar essas tendências a pensar errado e culpar o inconsciente disso. Não será reprogramando a mente ou usando um caminhão de técnicas que você irá mudar sua vida, pelo contrário, você precisa aprender a pensar corretamente e a usar o que é algo mil vezes mais poderoso que qualquer outra técnica milagrosa: o Poder do Pensamento Consciente.

Neste livro você irá aprender o que significa o pensamento consciente e os motivos pelos quais ele é mais importante que o inconsciente ou subconsciente. Você irá descobrir que aprendeu tudo errado até agora, mas que aprender errado irá te levar ao aprendizado correto e irá aprender a descobrir quais crenças vêm te sabotando e de fato se livrar dessas crenças de uma vez por todas, sem mimimi, fácil assim!

SUMÁRIO

INTRODUÇÃO 14
   A lei da atração não parece feita para você? 14
   Mas, então, por que parece tão difícil? 14
   Afinal, quem sou eu para afirmar isso? 15
   O Método Lei da Atração Consciente® 16

CAPÍTULO I
EU APRENDI E VOU TE ENSINAR A TER UMA VIDA FÁCIL 18
   A criança podada e a adolescente idealizadora 18
   Mas tudo dava muito errado 20
   Um Natal para esquecer 21
   A decisão de que seria diferente 21
   "No começo de tudo, havia uma laranja" 22
   Você deve parar de dizer que a vida está difícil.
   O foco precisa ir para a solução 23
   E mais aprendizado sobre consciência e poder 24
   Tudo parecia bem, mas… 25
   Veio o fundo do poço 26
   Respostas que se apontam 26
   Com o fácil, a solução 27
   Transformando vidas 28

CAPÍTULO II
A LEI DA ATRAÇÃO CONSCIENTE: É VOCÊ NO COMANDO DA VIDA 31
   Do que se trata essa tal lei da atração? 32
   Pensar ou sentir, eis a questão 33
   Acredite. A chave reside no pensamento 35
   Reflita comigo sobre alguns pontos 36
   É o que eu chamo de Teoria da Bola Branca 38
   Mas e o magnetismo e a frequência? 39

Veja como é preciso pensar com consciência 41
Frequência, alinhamento, vibração: não é esse o caminho 41
Mas o que é, afinal, a consciência? 43
Visões sobre a consciência 44

CAPÍTULO III
SEM ISTO VOCÊ FICA NA MESMA 48
Dores de estimação 48
O mito da carruagem de Platão 51
Mente construtiva e mente destrutiva 52
Vença as armadilhas 53
O experimento do marshmallow:
a comprovação científica 55
Esqueça o fantasma do inconsciente 56
Você não é vítima da sua história 58
É o famoso piloto automático 60
Chega de pedir ao Universo 61
Você não cria nada 62
Inclusive, você não atrai nada! – Chocado agora? 63
Preste atenção nos pontos-chave 63

CAPÍTULO IV
AS BASES DO PENSAMENTO CONSCIENTE 66
Muito além de "O Segredo" 66
Olha só estes insights! 69
O potencial do pensamento em obras clássicas 70
Pensamento consciente aplicado à riqueza 72
A fonte de onde bebeu "O Segredo" 73
O que diz "O Segredo" sobre o poder do pensamento? 76
Separei trechos poderosos para você 78
Os depoimentos dos grandes avatares 79
O que dizem os neurocientistas modernos 81
Isso te assusta ou te tranquiliza? 82
Vamos falar sobre obras e ícones modernos? 83

CAPÍTULO V
PENSAMENTO CONSCIENTE É TRANSFORMAÇÃO 86
- Análise consciente: uma primeira chave 87
- Com isso, virá o desapego e a decisão de pensar conscientemente 87
- Vamos falar da plasticidade do cérebro? 89
- Aprofundando os hábitos e suas neuroconexões 92
- O criar e "descriar" dos hábitos 93
- O processo de criar novos hábitos 94
  - Passo 1: Identificar 94
  - Passo 2: Testar recompensas 95
  - Passo 3: Gatilho isolado 95
  - Passo 4: Plano de ação 96

CAPÍTULO VI
APLICANDO O PENSAMENTO CONSCIENTE 98
- Esta tal Física Quântica 99
- O que você está observando? 100
- Desvendando o pensamento consciente 103
- Pensamento consciente é poder 104
- Não é preciso limpar crenças ou o inconsciente, nem mesmo reprogramar a mente 105
- Inspiração do cinema 106
- Tenha o seu momento Eureka! 107
- Pensamento consciente na prática 108

CAPÍTULO VII
O PERCURSO DO FÁCIL 112
- Parta para a ação AGORA! 113
- Aprenda a pensar consciente e corretamente 113
- PENSAR CONSCIENTE NÃO É DIVAGAR 114
- A falácia do pensamento positivo 116
- ISSO É PENSAR CORRETAMENTE 116
- Entenda o chaveamento 117
- Veja como chavear 119
- A CONSTRUÇÃO DA SUA NOVA MENTE 121

NEUROCRIAÇÃO DA REALIDADE E O CCR 123
E se você ainda precisa de técnicas e frequência vibracional 124
O MÉTODO LEI DA ATRAÇÃO CONSCIENTE® É PARA VOCÊ QUE: 124
ANTES DE ENCERRAR, QUERO DEIXAR UMA SEMENTE 125

CONCLUSÃO 128
Decida e siga em frente! 128
Inspirações da tia Lu 130
Aprenda com quem também me ensina 131

INTRODUÇÃO

A lei da atração não parece feita para você?

Você estuda lei da atração, já comprou uma série de treinamentos, leu livros, assistiu a filmes e documentários, mas nada parece funcionar. Saiba que eu também já me senti assim e cheguei ao ponto de simplesmente achar que a lei de atração não era para mim.

Mas depois de estudar muito, ter excelentes resultados e estar preparada para ensinar e conduzir outras pessoas nesse caminho, eu afirmo que há um percurso fácil para alcançar seus desejos. "Como assim, fácil? Você deve estar de brincadeira, Lucimara (ou tia Lu, como me chamam carinhosamente meus alunos)".

A chave para você chegar aonde deseja, que eu vou te entregar neste livro, envolve três conceitos fundamentais. Poder, pensamento e consciência. Não estou falando sobre você encontrar o gênio da lâmpada ou uma varinha realizadora. Mas tudo isso pode, sim, ser bem simples.

Mas, então, por que parece tão difícil?

Vamos refletir, juntos, sobre essa questão. Depois da popularização, se assim podemos dizer, da base de conceitos da lei da atração, principalmente a partir de filmes e livros como "O Segredo" e "Quem Somos Nós", brotaram abordagens sobre como isso pode permitir que você viva a vida dos sonhos.

Ainda mais com a possibilidade infinita de distribuir conteúdo pela internet, nos canais de YouTube e perfis de redes sociais. A questão é que se gerou muita mistificação em torno da realização de desejos, com base na lei da atração.

O processo proposto por alguns treinamentos e mentores coloca as pessoas a percorrer praticamente a jornada dos 12 trabalhos de Hércules. São horas dedicadas a técnicas e práticas que prometem materializar desejos.

Tudo porque você precisa estar alinhado ao desejo, o que exige uma determinada frequência vibratória e a congruência com uma incontável lista de princípios. Ah... e é necessário sentir o desejo.

Mas, acredite, NADA DISSO é necessário e eu vou te contar o porquê neste livro.

Afinal, quem sou eu para afirmar isso?

No próximo capítulo, você vai conhecer melhor a minha história. Mas, por hora, vou resumir dizendo que, por muito tempo, tive uma vida muito difícil. Eu simplesmente não alcançava resultados, apesar de muito esforço.

Era algo que me trazia sofrimento, porque eu tinha muitos sonhos e sentia-me profundamente frustrada. Ao descobrir a lei da atração, acreditei que podia ser um caminho para tudo melhorar. Mas eu persisti em alguns erros e as coisas continuavam não dando certo. Por isso, cheguei a pensar que não funcionaria comigo.

Isso até descobrir o "Fácil", que você vai entender nesta obra. Foi o que me fez materializar um valor equivalente a um prêmio de loteria e ganhar uma camionete, construindo, a partir de então, a vida que eu desejava.

Tudo passou a ser tão incrível e eu entendi que era preciso compartilhar o que eu tinha feito para mudar a minha vida, ajudando outras pessoas a transformar as delas.

O Método Lei da Atração Consciente®

Por isso, eu me preparei, me tornei mentora e criei um método único. Nele eu mostro tudo o que há de mais moderno, atualizado e CIENTIFICAMENTE COMPROVADO no que diz respeito à lei da atração aliado à Neurociência: o Método Lei da Atração Consciente®, uma metodologia criada por mim e que tem feito pessoas alcançarem sonhos que pareciam irrealizáveis. Atualmente, o Método é o treinamento mais incrível e transformador do mundo, é o ÚNICO no país a receber reconhecimento e validação do Ministério da Educação (MEC), por meio da Faculdade de Brasília, que transmite e garante a cada novo aluno a certeza de que a metodologia é validade e oferece seriedade e eficácia.

Hoje, um total de mais de 27.000 alunos usam esses conhecimentos com grandes resultados na saúde, na vida pessoal e na realidade financeira. O Método Lei da Atração Consciente® é uma proposta que trabalha pensamento e consciência, despertando o seu poder pessoal de alcançar resultados inimagináveis. Por ter sido desenvolvido por mim, o conteúdo riquíssimo do Método não é encontrado em nenhum outro lugar, nem mesmo neste livro, o conteúdo é exclusivo do treinamento online e o certificado tem validade de extensão universitária.

Siga comigo, neste livro, e entenda melhor como funciona a Lei da Atração Consciente®. Prepare-se, pois somente eu ensino esse formato de conteúdo, então, se você procurava por respostas para transformar totalmente a sua realidade, parabéns, você encontrou.

Nada tem importância, exceto aquilo a que você dá importância.

(Lucimara de Morais. Conheça a mulher por trás do Fácil)

CAPÍTULO I

EU APRENDI E VOU TE ENSINAR A TER UMA VIDA FÁCIL

Muitos dos leitores deste livro também acompanham o meu canal no YouTube e os meus perfis nas redes sociais e sabem que, hoje, sou uma pessoa de sucesso. Eu vivo, sim, uma vida de conquistas, sonhos realizados e com as coisas fluindo com facilidade.

Mas nem sempre foi assim. Até entender, aprender e aplicar o poder do pensamento consciente, eu vivi uma vida de percalços e dificuldades. E isso, inclusive, quando comecei a estudar lei da atração, porque eu simplesmente não sabia agir do jeito certo. Isso é algo que também pode estar acontecendo com você, fazendo-o achar que essa conversa de poder pessoal é balela.

Eu me tornei mentora porque, quanto mais as coisas fluíam para mim, mais eu tinha vontade de ensinar e ver a vida das pessoas transformadas. Eu construí um caminho fácil, assim como você pode fazer. Vou te contar um pouco da minha história, para você entender como isso tudo aconteceu.

A criança podada e a adolescente idealizadora

Eu fui uma criança criada no interior do Rio Grande do Sul. Era muito brincalhona, estudiosa e me destacava na escola, mas, em casa, era muito podada e comparada ao meu irmão mais velho. Ele era e ainda é um modelo para os meus pais e querer ser igual a ele foi algo que me assombrou por muitos anos, impedindo-me de explorar meu potencial.

Foi uma corrente que arrastei e que atrapalhou minha vida adulta. Cresci com muitos sonhos, mas tenho, agora, clareza de que não me achava merecedora de uma vida de sucesso, riqueza e prosperidade. Levei muitos anos para descobrir quem era a Lucimara de verdade. E ela estava longe de ser o que meus pais pensavam ou idealizavam.

Eu era muito esforçada e empreendedora, mas é como se algo sempre me puxasse para trás. Muito nova, no começo da adolescência, eu já trabalhava como locutora no rádio, iniciei aos 11 anos em um programa de rádio local e aos 15 já era parte do departamento jornalístico dessa mesma emissora.

Aos 17 anos fui, inclusive, homenageada pelo general de Divisão de Exército da 3ª D. E., Gal. Gilson Gonçalves Lopes, por propor e criar um programa de rádio do Exército na cidade de Santa Maria. Esse programa chamava-se: "Minuto Militar" e na solenidade em que eu fui homenageada estavam, ao meu lado, sendo homenageados também, deputados locais, o prefeito da época, bem como o reitor da Universidade Federal de Santa Maria.

Mas eu queria muito mais. Por isso, logo depois e ainda bem jovem, resolvi embarcar na aposta de sair da minha terra e ir para Curitiba, onde moro até hoje com o meu marido. Casamos muito cedo e decidimos construir a nossa vida aqui, mesmo sem apoio da família.

Como os familiares não concordavam, vendemos um computador, que era o único item de valor que tínhamos na época, para viajar. Chegando a Curitiba, moramos com meu irmão, onde dormíamos no chão, pois só tínhamos um colchão e algumas roupas de uso próprio.

Mas tudo dava muito errado

Nessa época, atuando como músico, meu marido não tinha renda fixa. Eu também não trabalhava, pois estava grávida de 6 para 7 meses. Eram muitos problemas financeiros que pioraram quando eu engravidei. Imagina isso numa das fases em que a gente mais pensa em solidez e estrutura?

Foi um período em que eu também tive desentendimentos com a minha cunhada e acabamos indo morar na casa de um casal de amigos, que nos receberam como irmãos. Nós tínhamos nos conhecido porque esse amigo tocava na mesma banda que o meu marido.

Eles foram verdadeiros anjos aos quais eu sou eternamente grata, André e Tati, que considero irmãos. Não pagamos aluguel enquanto estivemos ali e as refeições eram feitas com todos juntos, realmente como família. Só por isso eu consegui montar o enxoval do meu bebê.

Com o nascimento do meu filho, meu irmão nos procurou e voltamos a morar com ele. Acabamos nos entendendo e voltamos para a casa dele. Só que a vida financeira ficou ainda pior. Nós acabamos ficando dependentes do meu irmão para as necessidades básicas.

Era muito humilhante, só para você ter uma ideia, na padaria (que era mais uma mercearia) da esquina, vendia-se pão francês e o valor do pão no dia seguinte reduzia para R$ 0,10 centavos, pois era o que aqui conhecemos como pão dormido/amanhecido. Por ser mais barato e ainda assim ser pão, nós optávamos por sempre comprar pão amanhecido, para reduzir o custo com alimentos, pois o dinheiro já estava muito escasso.

Um Natal para esquecer

Meu filho nasceu em outubro, bem perto das festas de final de ano. E nós conhecíamos pouquíssimas pessoas em Curitiba. O dinheiro que tínhamos simplesmente acabou. Vendemos alguns pertences, como roupas, casaco e sapato, para manter despesas com alimentação, fraldas e outros itens muito básicos.

Quando chegou o Natal, embora meu irmão e minha cunhada também estivessem enfrentando problemas financeiros, eles tinham amigos. Então, acabaram sendo convidados para passar as festas fora de casa. Mas nós não tínhamos para onde ir, então ficamos sozinhos e sem ter o que comer.

O primeiro Natal com nosso filho foi o pior que já tivemos.

Não havia o que comer, literalmente. As refeições dependiam do meu irmão. Foi uma noite de Natal em que passamos fome, verdadeiramente.

Éramos eu, meu marido e nosso pequeno, num colchão no chão, vendo a Missa do Galo. Uma cena que jamais vou esquecer. Era uma enorme dor aquela dificuldade, sem ninguém por perto.

A decisão de que seria diferente

Nesse dia, nós tomamos uma decisão. Aquela realidade difícil mudaria. Por conta de novas oportunidades profissionais nos mudamos novamente para o interior do Paraná. Mas o cenário financeiro negativo persistia.

Houve uma pequena melhora quando eu comecei a trabalhar em um jornal e pude colocar meu filho na escolinha e dar a ele um pouco mais de estrutura, apesar de ter pouco tempo para me dedicar a ser mãe. Isso porque logo me tornei gerente do departamento comercial do jornal.

Mas veio outro baque. O instrumento que meu marido usava para tocar foi roubado e não havia como comprar outro. Nessa mesma época, por curiosidade, tive os primeiros contatos com a noção de poder mental.

Eu frequentava um grupo de estudos e leituras coordenado por uma mulher extremamente inteligente e lúcida. Num determinado dia, decidi conversar com ela sobre tudo que estava vivendo. Lógico que eu comecei a contar minha história reclamando da vida, dizendo que nada dava certo.

Ela me falou que tudo começava pelo pensamento e era preciso que eu focasse em soluções. Ela, inclusive, me convidou a fazer uma experiência. Foi meu primeiro contato com a tríade poder, pensamento e consciência.

"No começo de tudo, havia uma laranja"

Para me conscientizar sobre a importância disso, ela propôs que eu fizesse um exercício. Pediu que eu visualizasse uma laranja em cima de uma mesa. E me levava a pensar nos detalhes da cena.

Ela falava coisas como "Pense que a laranja está gelada e você tem fome". Depois, me levou a pensar que havia uma faca ao lado da fruta. Então, falou "Pegue a faca e corte a laranja. Veja ela cortada diante de você".

Em seguida, me conduziu a abrir os olhos. E eu perguntei "O que isso tem a ver com o problema que eu estou vivendo? Eu não entendi".

A resposta foi "O que você notou ao pensar nessa laranja gelada?". Eu respondi "Fome e vontade de comer a laranja".

Ela me explicou que isso acontecera porque as minhas glândulas salivares tinham sido ativadas, mesmo não existindo de fato uma fruta. E arrematou dizendo "se bastou um pensamento para despertar a vontade de comer a laranja, isso também é o suficiente para as soluções que você busca".

Você deve parar de dizer que a vida está difícil. O foco precisa ir para a solução

Aquela experiência mudou completamente o meu olhar para o que estava acontecendo. Fiquei ainda mais curiosa e parti em busca de mais informações e respostas.

Fui estudando mais e as coisas pareciam estar mudando. Mas havia um porém. Eu ainda era uma pessoa muito negativa. E quem me chamou a atenção para isso foi um colega de trabalho. Uma pessoa de quem, por sinal, eu não gostava nem um pouco.

Era alguém muito positivo, que nos cumprimentava perguntando "Você é feliz?". Isso me perturbava, porque eu era o oposto, superdesmotivada. Outro detalhe é que ele batia todas as metas e eu não, apesar de ser muito focada, o que me irritava ainda mais.

Num determinado dia ele me perguntou se havia algum problema e eu, sinceramente, respondi: "Eu não suporto você, porque você não acredita em Deus". Era a única possível justificativa que passou pela minha cabeça, já que ele tinha me falado sobre não ter religião.

E mais aprendizado sobre consciência e poder

A resposta que eu ouvi foi a deixa para outra importante reflexão sobre poder mental.

Ele disse "Eu não acredito naquele Deus das igrejas, mas creio em mim, em você e num ser superior que habita em cada ser humano. É algo que você vai entender quando encontrar o Deus que mora no seu coração".

Eu comecei a chorar e ele me deu uma dica. "Assista ao filme chamado 'O Segredo'. Vai te ajudar a compreender essa minha conclusão".

Eu então liguei para a mesma orientadora de estudos com a qual vivenciei a experiência da laranja e perguntei sobre esse filme. Ela recomendou que eu assistisse, na ordem, a "O Segredo" e a "Quem Somos Nós". E foi o que eu fiz.

Depois disso, quis, é claro, testar a verdade daqueles conceitos, buscando colocar em prática. Primeiro, mentalizando uma pessoa que não via há muito tempo. Naquela mesma noite, recebi uma mensagem exatamente desse alguém em quem havia pensado.

Eu comentei, então, com meu marido: "Isso funciona mesmo. Vamos testar algo maior?". Ele topou e nós começamos a pensar em um carro na garagem. Era algo que a gente queria muito. Em cerca de 90 dias, compramos nosso primeiro carro.

Era a certeza de que o pensamento consciente funcionava. Começamos, então, a focar nossa consciência em uma vida profissional mais promissora.

Tudo parecia bem, mas...

E aconteceu. Veio uma fase de bons ventos. Eu e meu marido passamos a trabalhar no Banco Itaú e a vida financeira ia bem. Tudo começou a mudar. Fomos para uma casa melhor, compramos bons móveis. As coisas se encaixavam e víamos resultados no uso do poder da mente.

Foi quando decidimos empreender e realizar a vontade de ter um negócio próprio. Inicialmente, trabalhamos com serviços gráficos e, depois, montamos um escritório jurídico que atuava na área contenciosa. Um segmento muito próspero naquele período.

Decidimos apostar tudo nesse negócio, apenas com o suficiente para o primeiro aluguel (R$ 450,00). O começo foi uma pequena salinha. Mas o crescimento foi rápido. O volume de clientes logo cresceu muito. Então, vieram uma equipe e uma sede enorme, no centro da cidade. Em um ano, tínhamos expandido mais de 300% e girava muito dinheiro.

A sensação era de sonho realizado. Mas lembra que eu contei sobre a minha negatividade? Pois é. Eu não sabia colocar minha mente trabalhando a meu favor.

Tínhamos metas ousadas e a atividade envolvia sazonalidade. Eu ficava muito insegura e isso foi trabalhando contra todos os bons resultados que vinham acontecendo. Eu me cobrava muito e essa postura foi reduzindo e diminuindo o negócio. Até que aconteceu a falência e foi preciso vender o escritório e tudo o que havia lá.

Veio o fundo do poço

E mal eu sabia que isso era apenas o começo de um dos piores momentos da minha vida. Nós abrimos outro negócio que, mais uma vez, começou bem, mas foi dando errado.

Chegamos ao ponto de termos água e luz cortadas por 20 dias, além de um processo de busca e apreensão do carro, que acabamos perdendo, e duas ordens de despejo, uma da casa e outra da empresa. E isso em meio a um esforço gigante para evitar que tudo se perdesse mais uma vez.

Foi preciso vender até mesmo os móveis e eletrodomésticos de uma casa excelente em que a gente morava na época, com nosso filho pequeno. Era escolinha atrasada, cartão de crédito estourado, conta corrente negativa, fundo de emergência já havia se perdido. Eu não via luz no fim do túnel.

Nenhuma solução se mostrava efetiva. Era o fundo do poço literalmente. E quanto mais eu chorava, mais as coisas pioravam.

Mas, como bem nos lembra o dito popular, no fundo do poço existe uma mola que nos impulsiona para cima. E foi o que aconteceu comigo. Nessa mesma época, os estudos sobre consciência e poder do pensamento me trouxeram muitas respostas. Eu mergulhei nos livros e cursos.

Respostas que se apontam

O que de fato tornou esse cenário um pouco mais leve foi a minha decisão de brincar com aquilo tudo, recuperando minha capacidade de sorrir.

Já que não tinha luz, a gente acendia velas e transformava aquilo num momento feliz, ríamos e buscávamos descontrair para não resistir mais, afinal, tudo que resiste, persiste.

Foi a partir daí que alternativas para religar a energia e a água surgiram. Mas ainda assim, tivemos o carro recolhido e não foi possível, de maneira alguma, manter a empresa atuando. Foi a segunda falência, desespero e culpa total eu vivi.

Tudo estava tão confuso para mim que recebi um convite para trabalhar, em parceria com um amigo, na condução de um inventário e não aceitei. Eu me questionava sobre o porquê de as coisas não darem certo, já que eu estudava tanto.

Com o fácil, a solução

Em meio a todos esses questionamentos, me deparei com o grande divisor de águas. A frase "Tudo é Fácil". O que, em princípio, podia ser uma simples afirmação, me tocou de uma forma diferente. Ouvir aquilo fez tamanho sentido para mim que nem sei explicar. Foi o caminho para despertar meu potencial.

Eu pensei "Se escolhemos aquilo que vamos experimentar, posso optar por algo fácil ou difícil. E eu estou escolhendo o caminho da dificuldade". Passei, então, a me guiar por essa frase. Fazia questão de usar o "Tudo é Fácil" o tempo todo, e não da boca para fora. Aquilo me tocava muito, de verdade. Eu fazia isso com a consciência de que a mim cabia tornar minha vida fácil.

E com isso eu fui percebendo que as coisas se encaixavam e entravam no eixo. Comecei a perceber que os estudos e o desenvolvimento do poder mental estavam me trazendo resultados.

Recebi novamente a proposta de trabalhar naquele inventário que mencionei – a sorte bateu novamente à minha porta –, eu entendi que era um recado do Universo e, desta vez, topei. Tive parte do pagamento feita antecipadamente e fui conseguindo colocar as finanças em dia (que aliás, estavam todas em atraso novamente).

O processo de inventário era de uma família muito rica que passou a confiar muito em mim, inclusive me convidando para festas e passeios. E eles também me davam presentes e recompensas.

Por fim, eu acabei ganhando desses clientes uma CR-V novinha. Isso sem contar que o rendimento final pelo trabalho acabou superando os R$ 220.000,00 – em dinheiro –. Foi, literalmente ir do zero a um prêmio de loteria.

Transformando vidas

Assim foi, desde conhecer o Fácil. Eu continuava usando esse conceito e me sentia mais forte. Aquilo foi se desenvolvendo como uma característica minha. Eu me burilava e o Fácil fazia com que as coisas acontecessem de maneira fácil. Eram provas de que funcionava o tempo todo. E tudo, aos poucos, passava a fluir de modo simples, com os resultados acontecendo. Foi o fim do medo de errar e arriscar que me atrapalhava. Eu ficava ainda mais empolgada e dedicada aos estudos.

Nessa época, também conheci o meu mentor, Luiz Antonio Gasparetto, uma das minhas maiores referências. Eu o considero como um pai. E foi incentivada por ele e pelo meu marido que entendi a importância de conduzir outras pessoas por esse processo de mudança.

"Por que não ensinar", eles perguntavam? Eu decidi que sim e queimei todas as pontes. Mas também assumi o compromisso de que isso seria para mudar a vida das pessoas de maneira simples e fácil. Foi assim que me tornei mentora e desenvolvi o método "Tudo é Fácil", que é exclusivo e criado por mim, único no mundo. Disso vieram os cursos online, palestras e aulas que colecionam histórias de sucesso. O Fácil muda a vida dos meus alunos, assim como fez com a minha. E pode levar você, que está lendo este livro, até os resultados que você deseja e merece.

Se sua vida está difícil, é porque você ainda não conhece o Fácil. Não importa a história que você viveu, ou os problemas pelos quais está passando agora. Não sabote a única pessoa que não pode. Você mesmo. Não desista e venha para o Fácil.

A minha história, que contei agora para você, pode ser parecida com a sua. Talvez você tenha perdido muito tempo se diminuindo, assim como eu, e pensando que não merecia amor, sucesso, reconhecimento e riqueza.

Mas eu devo te dizer que nós estamos aqui para prosperar e vencer. Eu venci e sei que você também pode e deve chegar lá. Acredite! Não duvide, não desista, não tenha medo do sucesso.

A natureza é um exemplo disso. Nela nada tem dificuldade para se expandir e multiplicar. Na sua vida, os resultados também devem ser assim. Vamos abandonar a dificuldade. Eu tenho certeza de que a ideia de dificuldade, a ilusão do difícil, foi o que, lá atrás, me separou da vida abundante que eu tenho hoje e certamente é o que te separa dos seus sonhos, das suas conquistas.

Inspire-se em mim e entre no Fácil, o método que mudou a vida de milhares de pessoas e com toda a certeza pode mudar a sua vida também.

Nossa consciência é escolher qual realidade queremos experimentar!

(Lucimara de Morais)

CAPÍTULO II

A LEI DA ATRAÇÃO CONSCIENTE: É VOCÊ NO COMANDO DA VIDA

Eu vou começar a explicar mais o Método Lei da Atração Consciente® te contando que essa longa trajetória de estudos e o contato com alunos que queriam e precisavam mudar suas vidas me levou a tomar uma atitude corajosa. No início de 2020, eu decidi contar a verdade e mudar a jogo em torno dos muitos equívocos ditos sobre a lei da atração.

Sim, era preciso fazer isso. Foi se tornando impossível ver tantas pessoas que sofriam na busca sem sucesso por resultados. E o que é pior, achavam que isso acontecia por pura incapacidade. Uma ideia que simplesmente destrói o poder pessoal de qualquer ser humano.

Eu definitivamente cansei de ver pessoas me contando que ficavam doentes, sofrendo de ansiedade, depressão e outras doenças mentais sérias porque desacreditavam de si mesmas. Então, fiz um curso online e gratuito, no meu canal de YouTube, em 2020 e dali em diante eu nunca mais parei de falar a verdade para quem quisesse ouvir. Foi o momento de trazer a verdade nua e crua sobre a lei da atração.

Era a hora de mostrar às pessoas as verdadeiras chaves do acesso a uma vida de facilidades, com o poder do pensamento consciente. Um caminho fundamentado nos conceitos de poder, pensamento e consciência, como você vai entender seguindo comigo nesta obra que deu origem à Lei da Atração Consciente.

Do que se trata essa tal lei da atração?

O que você vai ter, nesta obra, é uma visão desmistificadora em torno dessa tão mencionada lei da atração. A começar por essa nomenclatura, que ficou famosa, principalmente, a partir do livro "O Segredo".

Ah e tem mais um detalhe: essa tal "lei" nunca foi e nunca será uma lei universal. É apenas um "nome" comercial, como o do Bombril – mesmo sabendo que se trata de uma lã de aço, todos chamam de "bombril". Porém, a ideia de atrair algo e aguardar para receber do universo é uma analogia, como a do Sol.

Você conhece a analogia do Sol?

O Sol nasce em que horário todos os dias? Geralmente às 5h da manhã? Na verdade, o Sol não nasce em horário algum, ele surge no horizonte, mas convencionamos entender que o surgir do Sol ficou conhecido como o "nascer do Sol", mas é uma metáfora, ou seja, a lei da atração não é uma lei universal, é um princípio das quatro forças do universo conhecido como eletromagnetismo, que iremos abordar mais à frente.

É fundamental entender que se trata apenas de uma referência semântica. Em verdade, estamos falando de um princípio atuante no universo. Simples assim. Chamar de lei da atração é meramente uma metáfora.

Mas estamos falando, de fato, do eletromagnetismo, que atua universalmente, assim como a gravidade. É um princípio que diz respeito ao poder de atração do nosso pensamento.

Isso é o que há de científico e testado, como vamos ver os próximos capítulos. Quando nos referimos a eletromagnetismo, estamos falando do que atrai e repele, como acontece com os imãs. A energia elétrica é outro exemplo. Você sabe como ela funciona? Não, mas não questiona que ela esteja aí e usufrui, no dia a dia, dos benefícios dela.

Você pode e deve aplicar esse princípio como forma de atrair o que deseja e repelir o que não quer. Afinal, tudo – absolutamente tudo – está submetido a isso. O que te cabe é aplicar o eletromagnetismo da forma certa, com consciência, para não ser o ímã do que te desagrada.

E isso não diz respeito a algo aleatório, como fazer uma viagem, comprar casa ou carro. Encare o eletromagnetismo como uma força que atua e, se usada a partir do pensamento consciente, te faz viver no fluxo, tendo prosperidade, saúde, bons relacionamentos e tudo o que desejar ou escolher.

É você usando o seu poder para o domínio do jogo de atrair e repelir, que é determinante de tudo no Universo.

Pensar ou sentir, eis a questão

Bem, se você vem estudando os conceitos da lei da atração muito provavelmente ouviu alguém mencionar que sentir era o grande segredo. É preciso buscar alinhamento com o desejo para ele se tornar realidade.

E, então, inicia-se aí uma legítima jornada em busca dessa tal conexão que vai te transformar num realizador de sonhos.

Um caminho árduo em que surgem técnicas que prometem te colocar na frequência adequada, além de meditações, afirmações, práticas que precisam ser seguidas e, pasmem, até mesmo chás que vão te manter na vibração e na sintonia necessárias.

Sim, porque a falta de sintonia é o que tem mantido você longe de resultados sólidos.

E aqui está o primeiro equívoco que tem me feito ser a voz dissonante, em nome do que realmente funciona, no caminho da realização dos seus desejos.

Quero deixar bem claro que não estou aqui para desrespeitar ou diminuir nenhum profissional. Também não é o caso de discutir quem está certo ou errado. O ponto é que a verdade deve vir à tona. E o meu compromisso é com a verdade. Eu busco que você aprenda realmente sobre lei da atração e tenha a vida que escolheu viver. Digo mais: não há problema nenhum que você aplique técnicas e se dedique a práticas que tenha aprendido – e que ótimo se elas estão funcionando para você.

A questão é que eu já estive no fundo do poço, como você viu, lendo a minha história. Na prática, quando converso com milhares de pessoas, sejam as que participam dos meus treinamentos ou me escrevem nas redes sociais, vejo muitas delas tendo grandes problemas ao se manter na frequência vibracional dos sonhos, ao sentir, se alinhar e tudo mais.

Será mesmo necessário tanto esforço para que a lei da atração funcione e seus sonhos, desejos e metas sejam realizados?

Muitas pessoas que conversam comigo se queixam de não atingirem resultados sólidos porque não conseguem conjugar tanta informação e essa grande quantidade de técnicas com as atividades do dia a dia. O resultado é uma confusão que traz pequenos avanços, mas não leva a pessoa ao próximo nível.

Só que não existe tamanho para o que você quer atingir. Tem que ser fácil para tudo. E o eletromagnetismo não funciona apenas para algumas coisas. Ele é totalmente observável na simplicidade com que flui tudo na natureza.

Acredite. A chave reside no pensamento

A grande verdade é que no pensamento reside toda a diferença. E aqui nesta obra você vai entender que não sou eu, a tia Lu, a afirmar isso.

A base dessa conclusão, que fundamenta o meu Método, vem de grandes pensadores que fazem a história do pensamento ocidental e dos grandes avatares, como você vai conferir na sequência desta obra.

Repito que não se trata de contestar ou criticar o trabalho de outros mentores, tão estudiosos e respeitáveis quanto eu.

Desvendar a Lei da Atração Consciente foi apenas uma forma de sistematizar o que aprendi no meu longo caminho de estudos e entregar a você a verdade.

E isso mantendo minha fidelidade ao compromisso de fazer com que o maior número de pessoas possível alcance os melhores resultados. Se tudo que eu estou dizendo aqui fizer sentido para você e mudar sua vida, eu vou ter cumprido a minha missão.

Além do mais, como se ensina a sentir? Você consegue responder a essa pergunta? Eu recebo inúmeras mensagens de pessoas desesperadas, contando que se emocionaram profundamente, sentiram como se o desejo estivesse realizado, mas, no final, deu tudo errado.

Isso sem contar quem não consegue sentir. E não há como ensinar isso. Diga a um pai ou mãe de família, que está com contas em atraso, ou enfrentando uma doença grave, para meditar sentindo uma vida nova, ou fingir que a vida está ótima até conseguir.

Diga a essa pessoa que ela deve ser grata pelo oficial de justiça que bate na porta dela ou aos boletos que chegam sem parar. Sim. Eles também podem ir ao banco e dizer aos credores, e até mesmo aos filhos, que estão em frequência com as soluções.

Nesses momentos em que a vida está desmoronando, não há como alguém passar o dia em frequência ou mantendo a vibração.

Por sinal, essa tentativa de ensinar os alunos a ter o sentimento do que queiram produzir como realidade foi um dos maiores desafios da minha carreira, até eu entender e sistematizar o Método Lei da Atração Consciente®, que é focado no pensamento.

Com ele, eu cheguei à equação que simplifica o caminho das suas realizações.

Eu realmente acredito que sua vida tem que ser fácil, como tem sido a minha, o que não combina com medo, insegurança ou se manter na corda bamba do alinhamento com os sonhos.

Tudo passa pelo que chamo de pensamento consciente.

Reflita comigo sobre alguns pontos

E sabe por qual motivo eu digo isso? Porque enxergar os sentimentos como a uma varinha mágica é inverter a lógica do funcionamento do processo. O pensamento é o mecanismo ativador da atração.

O que você pensa determina as emoções que serão despertadas e, por fim, o que você sente. É a isso que os grandes avatares da lei da atração se referem quando falam sobre o processo de realização dos desejos, sempre destacando que o pensamento é o que tem papel modelador.

Dessa forma, o que eu penso determina as minhas emoções e me leva a sentir.

$$\text{pensamento} \rightarrow \text{emoção} \rightarrow \text{sentimento}$$

É importante deixar claro que o sentir, o sentimento, é apenas uma REAÇÃO cerebral, é uma resposta a um estímulo natural que não se pode "fabricar" e friso inclusive que NÃO É O SENTIMENTO QUE CRIA A REALIDADE NA LEI DA ATRAÇÃO, mas esse assunto veremos nos próximos capítulos.

Eu sei que te ensinaram que o cérebro é "apenas" elétrico e o coração é magnético e com certeza quem te ensinou isso não fazia ideia do que estava ensinando, pois não conhece os princípios básicos do eletromagnetismo, que evidenciam que um campo elétrico gera um campo magnético, ou seja, quando o cérebro gera eletricidade em seu processo normal e natural, já está por si só gerando magnetismo automaticamente, um elemento está diretamente ligado ao outro e não requer que outro órgão do corpo atue para que isso ocorra.

Fora que atualmente os neurocientistas mais renomados no mundo comprovaram que um pensamento gera 1 picotesla de magnetismo (tesla é a unidade de magnetismo). Se todos os dias temos em média 70.000 pensamentos, então significa dizer que produzimos diariamente 70.000 picoteslas por dia gratuitamente. Não, não precisa se preocupar se você ficou confuso agora, caro leitor, mais à frente, neste livro, vou explicar e mostrar as referências e comprovações científicas do que eu acabei de te contar. Apenas siga desfrutando da leitura.

Para aprofundar essa análise, vamos pensar, juntos, em algumas questões?

Avalie com a tia Lu: Você precisou sentir para atrair qualquer coisa ruim que tenha acontecido na vida? Pense num assalto. Alguém sente um acontecimento desse?

Outra situação para pensar. Você quer se tornar um bom motorista. Seria um chá ou uma técnica capaz de fazer isso por você? Quem sabe o Hoʻoponopono, ou uma meditação te ajude a dirigir melhor, já que você ainda não tem a perícia necessária? Tudo isso ao invés de aperfeiçoar sua habilidade de direção. E aí você continua tendo um carro, mas não tira o melhor proveito dele, simplesmente porque não assumiu a responsabilidade como motorista. Você concorda que esse é o caminho contrário?

O que funciona é você tomar o volante com mais consciência, confiança e responsabilidade. Isso é o que precisa ser feito para você se tornar um motorista melhor.

A comparação com dirigir um carro é muito válida para o que precisa acontecer com a sua vida. O pensamento consciente é o caminho para uma trajetória de autorresponsabilidade. E fica muito mais fácil quando você aprende a fazer o que deve ser feito, da maneira certa.

Isso é o que vai fazer a diferença, de verdade, na sua vida. Sem misticismo, sem rodeios. É você assumir o papel de ativar o poder mental que possui.

Você, como um ser ilimitado, está aqui na Terra para escolher a sua realidade, observando de modo consciente.

É o que eu chamo de Teoria da Bola Branca

A metáfora da bola branca de bilhar é semelhante ao poder do pensamento consciente, pois a bola branca no jogo de bilhar é a única que move as demais, basta usar a bola branca para mover todas as outras e de tacada em tacada você vence o jogo. A bola branca é a única que não pode sair da mesa, é a única que permanece do começo ao fim no jogo e é a única que direciona tanto o jogador quanto as jogadas.

Mas e o magnetismo e a frequência?

O fato é que, como eu adiantei na Teoria da Bola Branca, é no pensamento que começa o processo de manifestação. E eu ainda vou te falar mais sobre os processos cerebrais, para você entender melhor o motivo que me faz afirmar que não é o sentimento que cria.

Uma das grandes questões em torno desse suposto papel central do sentimento diz respeito ao magnetismo. Lembra que falamos sobre o que se convencionou chamar de lei da atração é, de fato, o princípio do eletromagnetismo?

Pois é. Você deve ter ouvido falar inúmeras vezes que o coração é onde se gera a força magnética. Há quem diga que ele é 5 mil vezes mais potente magneticamente do que qualquer outro órgão.

Mas o número não é exatamente esse, como explica uma publicação assinada pelo HeartMath Institute, uma entidade dedicada a estudar o papel do que seus especialistas chamam de inteligência do coração na promoção de saúde e qualidade de vida. No e-book "Science of the Heart", que podemos traduzir livremente como "A Ciência do Coração", o instituto apresenta pesquisas e traz a informação de que "O campo elétrico do coração é cerca de 60 vezes maior em amplitude do que a atividade elétrica gerada pelo cérebro. o campo magnético produzido pelo coração tem força 100 vezes maior que o campo gerado pelo cérebro".

Ou seja, o coração bate e por isso ele tem uma capacidade vibracional rítmica maior do que qualquer outro órgão do corpo. Algo que se deve ao fato de ele pulsar e bater. Mas ele, como eu explico logo mais, não age sozinho.

Muito se ouve dizer que o pensamento é meramente um direcionador e que o sentimento tem papel crucial por ser o que potencializa nossa relação com os desejos. Mas veja bem, como seria possível potencializar algo que não foi corretamente direcionado? (Lembra da Teoria da Bola Branca? Não se pode movimentar as demais bolas sem a bola branca no bilhar.)

Por isso eu digo que o pensamento consciente é a grande chave do eletromagnetismo, ele é a bola branca no bilhar; sem o pensamento consciente não se pode sentir nem se emocionar e sem a bola branca não se pode jogar bilhar, fácil assim.

Afinal, não é possível associar emoções ou estímulos intuitivos a algo que não tenha capturado a nossa atenção. Pense no seguinte desafio que vou lhe propor. Parece possível a você sentir algo sem pensar em nada? Não podemos esquecer que o pensamento também é onda e, portanto, produz picoteslas, que é a única medida de magnetismo. Isso só comprova que o cérebro é a máquina mais incrível para magnetizar os seus desejos.

É com base em todos esses conceitos sobre a relação entre cérebro e coração – que nós vamos explorar logo mais – que meus estudos me levaram a concluir que a consciência é a resposta para que você atinja os seus objetivos com base no poder mental. E nesse sentido é que consciência é um dos conceitos básicos da tríade do meu Método Lei da Atração Consciente®.

E não se trata de renegar nosso universo emocional, mas simplesmente de compreender como ele, de fato, se relaciona com o racional. Assim, seremos integrais, conscientes, livres e capazes de atrair exatamente as coisas que desejamos.

Veja como é preciso pensar com consciência

Nessa altura, você pode estar pensando: "Tudo bem, entendi que a tal lei da atração tem simplesmente a ver com o que aproximo ou afasto da minha vida. Também é claro que eu preciso desenvolver um sistema neurossensorial saudável e que atua a meu favor. Mas como isso acontece, de uma forma fácil, como você vem falando, tia Lu?".

Chegamos a um grande ponto de fechamento dessa questão, que pode até parecer muito complicada, mas não tem nada de difícil. Adivinha? A resposta é consciência, como eu venho dizendo para você. E veja como o trecho a seguir, que eu trago também do e-book "A Ciência do Coração", corrobora isso lindamente.

> *Nossa pesquisa indica que a chave para a integração bem-sucedida da mente e das emoções está no aumento da autoconsciência emocional e na coerência ou função e interação harmoniosas entre os sistemas neurais subjacentes à experiência cognitiva e emocional.*

O que a neuropsicologia aponta é que os estados emocionais positivos são benéficos para a saúde, mas é preciso que desenvolvamos capacidade de autorregulação neuroemocional para a clareza mental que impulsiona criatividade, melhora nossa tomada de decisão e habilita as ações mais assertivas.

Frequência, alinhamento, vibração: não é esse o caminho

Afinal, é a mente que coordena e integra esse universo neuroemocional humano que os cientistas vêm desvendando. E isso ocorre justamente nas áreas mais desenvolvidas do nosso cérebro. É o contexto em que opera o que eu chamo de mente construtiva, como já me ouviram mencionar meus alunos.

Logo em seguida, vou falar mais sobre esse conceito, basicamente relacionado a pensamentos conscientes. Percebe o motivo que me faz defender o pensamento consciente como fator-chave? E percebe como isso faz a tão falada lei da atração algo muito mais simples?

É assim, fácil e sem misticismo a mensagem da Lei da Atração Consciente, que sou a primeira mentora e treinadora a trazer. Entenda que os esforços em manter determinada frequência, vibração, alinhamento não vão resolver nada sem pensamento consciente.

Aliás, é por isso que as inúmeras práticas, técnicas e cursos que você já tenha feito até agora não trouxeram resultados consistentes. Meditar, usar mantras ou o que seja pode, sim, te fazer bem e não há problema que seja feito. Mas você sabe, de verdade, que isso não irá mudar a sua vida? Você sabe que usar afirmações ou técnicas não vai te trazer mudanças significativas? O fato é que te ensinam essas fórmulas mágicas como se elas mudassem sua vida.

Sim, porque o que está impedindo a lei da atração de funcionar para você são seus traumas e a falta de conexão com o padrão vibratório dos desejos, que está a X hertz. Isso sem falar na grande dica: limpar as crenças, reprogramar a mente, romper paradigmas, sentir o seu desejo e blá, blá, blá (esse parágrafo contém sarcasmo).

Mas eu cheguei que nada disso faz sentido, verdadeiramente, ignorando o papel do pensamento consciente. É o trabalho em torno de fazer da sua consciência uma aliada que, como acabamos de ver, vai te tornar alguém mais apto às melhores decisões e ações.

Veja que limpar crenças, por exemplo, é algo totalmente sem sentido. Aquilo que é limpo, suja novamente, concorda?

Você precisa transmutar, curar os bloqueios, romper, ressignificar. Algo que, volto a dizer, só se faz com consciência. Isso é o que vai te permitir criar novos hábitos e abandonar as tendências que não estão te levando a lugar nenhum.

O que te atrapalha precisa ser trazido para a consciência e trabalhado, para que haja uma mudança que traga novos resultados. Eu digo que a Lei da Atração Consciente é para quem quer assumir o leme da própria vida. Ou é isso ou você seguirá como um carro desgovernado. Algo que só se faz com consciência.

Existe uma frase que remete a tudo isso que falamos até agora sobre os pensamentos conscientes:

"Até que você torne o inconsciente em consciente, aquele irá direcionar a sua vida e você irá chamá-lo de destino." (Carl Jung)

Ou seja, até Jung deixou bem claro que para dominarmos nossa vida e nosso "destino" é necessário torná-lo CONSCIENTE.

Mas o que é, afinal, a consciência?

Você deve estar se fazendo essa pergunta agora e é muito natural que ela surja em meio a essa reflexão que estamos fazendo juntos. Digo a você ainda mais: eu considero fundamental esclarecer essa questão, porque esse é um ponto em torno do qual a infinidade de conteúdos da internet, mais uma vez, vem gerando confusão.

Em muitos canais online com foco na lei da atração é dito que a consciência está relacionada a sentimentos como alegria e entusiasmo e que precisa de alinhamento, com escalas de vibração que é preciso atingir.

Não é nada disso. Não caia nessa balela.

Dizem até mesmo que consciência é o estado que você atinge quando alcança a frequência do desejo, que está em X hertz e que, para isso, é preciso fazer determinada técnica de elevação vibratória.

Aqui, com a tia Lu, você sabe que não existe mistificação, dificuldade e muito menos abordagens que te deixam confuso ou inseguro. Então, vamos desatar esse nó falando, inicialmente, sobre a etimologia da palavra "consciência".

Esse termo surge da junção de duas expressões do latim. São elas: *conscius* – que significa saber bem o que deve fazer – e *sciens* – que se refere ao conhecimento que se obtém por leituras, estudos, instrução e erudição. Veja que a própria formação da palavra nos dá a pista do que ela significa.

Consciência é a percepção de si mesmo como um ser pensante, saber o que está fazendo e o motivo dessa ação. É fazer de tudo para estar ainda mais consciente, presente. Um ser consciente sabe quem é, onde está, o que quer e qual caminho deve percorrer para atingir seus objetivos.

Visões sobre a consciência

Sem me aprofundar ou querer construir um tratado em torno da questão da consciência, vamos falar sobre as principais abordagens em torno desse conceito. É uma etapa importante para amarrarmos a questão da consciência como uma propulsora dos seus melhores resultados.

O olhar filosófico: na visão filosófica, ou até mesmo epistemológica, está associada, justamente, ao conhecimento que possuímos dos nossos pensamentos e ações. Entender a consciência é, por sinal, uma das questões que move a Filosofia como um campo científico.

Nessa abordagem, encontram-se referências à chamada consciência imediata, mais relacionada às respostas automáticas, diferindo-se da consciência refletida, que tem a ver com a nossa capacidade de julgar e analisar nossos pensamentos.

Ou seja, a Filosofia trata a consciência como a essência do ser humano, num olhar sobre a nossa capacidade analítica única em torno de como pensamos e agimos. É clara a ideia de que ser consciente é se empoderar, se apossar dessa capacidade crítica para atuar no mundo.

O olhar psicológico: quando pensamos no viés da Psicologia e até mesmo da Medicina, já tratamos de processos neurológicos e cerebrais. A consciência, nesse campo, está relacionada à nossa capacidade de captar, reagir e integrar estímulos internos e externos.

E aqui também se estabelece a visão de um eixo, de um centramento. Porque a consciência surge como um reflexo de individualidade, que unifica pensamentos, emoções e sentimentos.

Quer dizer, então, que estamos falando de a consciência ser um centro integrador e direcionador desse universo neurossensorial que é o ser humano, certo? Perceba como as peças se encaixam.

O olhar da observação: o papel do observador como um agente que interfere e transforma a realidade foi uma das grandes revoluções trazidas pelos estudos da Neurociência. É um tema sobre o qual eu vou falar mais numa próxima seção da nossa obra, quando tratar das conexões neurais.

Por enquanto, tenha bem presente o seguinte: as experiências que sua vida vem te trazendo dizem respeito diretamente ao que você direciona atenção e foco, ou seja, às questões centrais para a sua observação. E, agora, eu quero que você se pergunte comigo: Um observador sem consciência vai colher que te tipo de resultado?

Em observação consciente o que existe é simplesmente um conjunto de experiências aleatórias, que você não modela, não domina, não constrói e não escolhe. É poder mental e pessoal desperdiçado.

Eu vou repetir e ser bem clara com você, porque é muito importante que você entenda isso de uma vez por todas. Consciência é domínio pleno do seu eu, é clareza do que sou, do que tenho, quero e de como chegar lá. É autoconhecimento, empoderamento, autorresponsabilidade te levando ao lugar em que você quer chegar; é assumir o papel de gerente da sua vida.

Esqueça a ideia de que existe uma frequência, uma técnica ou o que seja, capazes de te colocar na vibração que realiza seus desejos, nos Hertz que colapsam funções de onda. O que funciona é usar o pensamento consciente e partir para a ação.

Bora comigo entender um caminho fácil para isso? Veja no próximo capítulo alguns conceitos fundamentais que eu trago.

O que te torna responsável pela sua realidade? A forma como você pensa!

CAPÍTULO III

SEM ISTO VOCÊ FICA NA MESMA

Nesse percurso em que meu compromisso é apenas te falar a verdade, não há como desistir de trazer para a autorresponsabilidade. Não tem fórmula mágica. Ou você vai continuar apostando no que não vem funcionando até agora?

O trabalho é de cura e transmutação do que te bloqueia e impede, com consciência, sem vitimização ou transferência de responsabilidade.

Lembre que o Universo não te deve nem traz nada. Isso é postura de quem não se reconhece como condutor da vida, isso é atitude de vítima.

E se você está disposto a fazer esse trabalho, vou falar de duas coisas superimportantes e, de verdade, transformadoras.

Dores de estimação

Não se espante com esse título. É disso mesmo que vamos falar. Eu confesso que a primeira vez que alguém me falou sobre dores de estimação eu dei risada, mas, hoje, é muito claro para mim a que isso se refere como, tenho certeza, vai ficar para você.

Vamos ter presente que os estudos da psicofisiologia sobre os quais conversamos no capítulo anterior nos levam a compreender que, quando nos referimos ao universo neuroemocional humano, estamos falando de processos químicos, metabólicos. E justamente aí reside essa engrenagem que faz sua vida não sair do lugar, a das dores de estimação.

Eu estou falando de coisas que te machucam – como aquele relacionamento ruim ou o resultado que nunca vem – com as quais você simplesmente se acostumou. Está habituado a elas a ponto de cultivá-las como peças de estimação. É um círculo vicioso no qual você opera e se mantém, por facilidade, conformismo e por simplesmente não operar seu pensamento consciente.

Nossos neurônios estão sempre estabelecendo conexões neurais e transmitindo informações. O ponto é que essas conexões se transformam em relacionamentos de longo prazo. Ou seja, quanto mais conectado e vivenciando aquela dor você estiver, mais vai estabelecer com ela um relacionamento de longo prazo.

Isso acontece porque existe algo que os cientistas chamam de redes neurais. São como estradas na floresta, ativadas pelo nosso sistema neural, que, como expliquei, associam pensamento, emoção e sentimento, nessa ordem. Sim, primeiro você pensa, o que desperta uma emoção e, então, se instala um sentimento que provoca a reação.

Ocorre que esses percursos vão ficando mais fortes sempre que alimentados. É como uma trilha na floresta, que você vai demarcando sempre que passa. E aí está a chave para a instauração de um hábito, ou de um vício, que vai se tornando automático, tomando o seu inconsciente até virar um hábito e você o faz sem pensar, no piloto automático.

É uma engrenagem regida por processos químicos cerebrais, todo o seu corpo estará envolvido nessa sensação de sofrimento todas as vezes que essa dor for acionada. E quando nossas células forem se multiplicar, já que esse também é um mecanismo ininterrupto, já estarão viciadas no processo químico.

"Então, tia Lu, você está querendo me dizer que eu estou viciado(a) em me sentir para baixo, me desmotivar, dizer que eu não posso, ter medo? Me acostumei a me conformar com o básico, o difícil, o que eu não mereço?".

Exatamente. Nós estamos falando de processos químicos e metabólicos que geraram um hábito que você cultiva. É contraditório, mas o cérebro acaba gostando desse relacionamento confortável com o que te faz mal ou em não atingir a vida que deseja.

Ele quer poupar energia e tudo o que é difícil e que demanda energia ele evita. Esse é o processo que está por trás dos famosos conceitos de procrastinação e zona de conforto, que mantêm você na estagnação.

E enfrentar isso, volto a dizer, vai muito além de limpar crenças, fazer meditações e técnicas. Essas são ferramentas que podem contribuir para o desenvolvimento de estados sentimentais e mentais positivos.

Lembra que o neocórtex, a parte mais desenvolvida do nosso cérebro, tem o papel integrador de todo o nosso mecanismo neural?

Pois então. Nosso pensamento consciente vai nos permitir olhar para as nossas dores de estimação com verdade, firmeza e decisão. Assim, você ativa o poder transformador da sua vida, tendo sua mente como aliada no entendimento e enfrentamento de onde estão os desajustes que têm te impedido de ter a vida dos seus sonhos.

É preciso tomar a decisão de encarar verdades e dominar conscientemente as dores de estimação. Eletromagnetismo é decisão, é poder consciente. Depende de você entender, de uma vez por todas, que pode assumir o controle da sua vida.

Isso se dá desenvolvendo e aplicando conscientemente o poder direcionador da mente e dos pensamentos, em processos que você vai compreender melhor nos próximos capítulos.

O mito da carruagem de Platão

A carruagem representa o corpo humano. Um dos cavalos, de cor negra, que é arisco, representa a parte concupiscível da alma. O outro cavalo, de cor branca, mais dócil, representa a alma irascível. Por fim, o cocheiro (que guia os cavalos) representa a parte racional da alma humana. Platão, corroborando seu mestre Sócrates, defende que devemos valorizar a parte racional de nossa alma, pois ela é a única responsável por nos guiar para o bom caminho de uma forma justa e segura. Deixar nosso corpo à mercê dos prazeres ou da ira trará sérios problemas para nós.

Mas entenda que simplesmente se dedicar a inúmeras práticas e técnicas é um caminho para não chegar a resultado algum. Você tem que, acima de tudo, assumir que é o protagonista do seu destino. Assim são os adultos de sucesso.

Pergunte-se e reflita sobre o que se repete na sua vida e sobre o que está escolhendo para a sua realidade. Desapegue-se dos traumas, das dores da infância, das situações desagradáveis que viveu. Ou você vai seguir à mercê de emoções, se vitimizando e tendo pena de si próprio?

Aposte nos pensamentos conscientes construtivos que te dão foco, criatividade e apoiam escolhas capazes de gerar bons resultados, atraindo pessoas, situações e oportunidades. Sem isso, você pode passar o resto da vida sentindo ardentemente o seu desejo, se alinhando na frequência ou vibrando em ressonância com ele, mas com zero resultados.

A observação consciente é a chave dos seus resultados. Você vai entender que tudo é muito simples quando a consciência entra em jogo.

Mente construtiva e mente destrutiva

E quando falamos de ativar seu pensamento consciente nesse processo fácil, é fundamental refletir com você sobre algo que eu gosto de abordar metaforicamente.

Já aconteceu com você de ter uma grande ideia, uma inspiração, ficar animado e depois de algum tempo a animação sumir?

Sabe aquela teoria dos famosos "anjinho e diabinho" dialogando o tempo todo com a nossa mente? É uma forma lúdica de entendermos a dualidade das nossas porções mentais construtiva e destrutiva.

Calma que você já vai entender. Como tudo no universo, nossa mente é dual. Não há o forte e o fraco? O bem e o mal? O preto e o branco? Pois essa oposição se manifesta no que eu chamo de mente construtiva e mente destrutiva.

A primeira, construtiva, é aquela que trabalha a nosso favor, trazendo motivação, entusiasmo, alegria, vontade de fazer. A destrutiva, por outro lado, nos traz frustração, medo, sabotagem, procrastinação e dúvidas.

Muitas pessoas simplesmente se mantêm escravizadas à mente destrutiva. Um processo que pode estar acontecendo com você. Você tenta coisas, se empolga, pensa "Eu quero, vai funcionar". É a mente construtiva trazendo o gás.

Mas a mente destrutiva é tão familiar e traz ideias que fazem tanto sentido por acompanharem a pessoa há anos, que ela acaba cedendo. Trata-se da força do hábito, ou vício, como acabamos de ver.

A mente destrutiva é sutil e te conhece muito bem. Ela vem trazendo questões lá do seu passado, te sinalizando "Olha. Não dê mais um passo", "Fica aqui, te preserva", "Cuidado. Não entra nesse negócio ou projeto", "Não investe. Não perca tempo com isso". É a maneira que essa mente destrutiva tem de continuar no comando.

Muitas pessoas identificam isso como zona de conforto. Sua mente destrutiva quer te manter ali. Enquanto isso, a construtiva precisa que você saia desse lugar.

Em se tratando, por exemplo, de praticar atividade física. O lado construtivo sabe do ganho que você vai ter, melhorando seu corpo e sua saúde. Então, injeta ânimo e empolgação. Por outro lado, a destrutiva prefere que você continue com os mesmos hábitos, porque é um cenário confortável, que vai te preservar e te manter na zona de conforto.

O fato é que todos operamos com as mentes construtiva e destrutiva. E não se trata de bem e mal. Todo ser humano manifesta essa dualidade e não significa classificar uma como certa e outra como errada. O que você precisa saber é que elas podem e devem ser controladas, com consciência, para que você esteja no comando da sua vida.

Vença as armadilhas

O caminho do despertar para esse poder consciente envolve fugir de algumas armadilhas. Vamos a elas?

Combatendo a mente destrutiva: para ativar a mente construtiva e silenciar a mente destrutiva, delete algumas expressões. O surgimento desses pensamentos é um sinal claro de que você está dando vazão a ideias que não colaboram. Vejamos algumas delas:

"E se". Isso é dúvida, o que te leva ao medo, ao fracasso. Sabotagem pura. "E se não der certo", "E se não funcionar", "E se não for bem assim", "E se eu não conseguir".

Tudo isso tem a ver com mente destrutiva, ela vem fazendo essas perguntinhas para que você repense e analise. Se você cair nessa conversa da mente destrutiva, já era.

"Será". Essa é outra forma de sabotagem da mente destrutiva. Representa dúvida também. Ficam aquelas questões "Será que eu vou?", "Será que eu consigo?", "Será que vai dar certo?".

"Não sei". Nesse caso, são aqueles pensamentos "Não sei se vai dar certo", "Não sei se é bem assim", "Não sei se isso é para mim".

"Talvez". "Talvez dê certo", "Talvez isso já resolva". Talvez não te leve para lugar algum. Bem pelo contrário, é algo que te mantém em cima do muro.

"Se não" é outra expressão que exige cuidado. "É preciso tomar cuidado, se não, vai dar errado", "Eu tenho que fazer dessa forma, se não, vou estragar tudo", "Tenho que me comportar, se não…"

Outra forma de entender melhor como evitar essas ciladas é entender como funciona o processo cerebral de recompensa.

O CÉREBRO PRECISA DE ESTÍMULO E RECOMPENSA. Para emagrecer e parar de comer porcaria, pense: "O que vou ganhar com isso, qual a recompensa?". É fácil manter um corpo magro, difícil é emagrecer, já que a recompensa de continuar comendo lixo é o conforto de não precisar mudar nada e continuar tudo igual.

Mas entender e dar estímulo cerebral à recompensa (de ter o corpo dos sonhos) te estimula a começar, focar e continuar, então se torna fácil.

Por isso que rico quer ficar mais rico, ele conhece a recompensa de ganhar mais dinheiro e se mantém focado e estimulado a isso sem parar. Ele também sabe as desvantagens de ficar sem dinheiro, então sabe que ter dinheiro é muito melhor do que não ter dinheiro, a recompensa é maior já que ele conhece os benefícios.

Se você quer emagrecer, pense na recompensa que o emagrecimento te traz e use isso como combustível.

Se quer enriquecer, foque na recompensa de ter dinheiro sobrando e fazer o que quiser com ele.

O experimento do marshmallow: a comprovação científica

Na década de 1960, o psicólogo Walter Mischel decidiu fazer um teste para avaliar o nível de autocontrole de um grupo de crianças. Esse teste ficou conhecido como "teste do marshmallow", mas o pesquisador usou outros doces também.

Ele deixava que os participantes escolhessem aquilo de que mais gostassem: chocolate, sorvete, bala, cookies e assim por diante. Então a criança era levada para uma sala e sentada em uma cadeira diante de uma mesa. Sobre a mesa, era colocado o doce preferido dela.

Depois, ele dizia para a criança que sairia da sala e a deixaria sozinha com o doce. Se ela não o comesse, ganharia mais um quando o psicólogo voltasse. Se ela quisesse, poderia comer o que estava lá – mas, nesse caso, ela não ganharia o segundo doce.

Assim que o pesquisador saía da sala, você consegue imaginar como a criança se sentia estando diante de um doce delicioso? Esse experimento foi repetido por outros pesquisadores em tempos mais recentes e alguns resultados estão disponíveis em vídeo na internet.

Algumas crianças começam a comer o doce antes mesmo de o pesquisador sair da sala. Outras conseguem se controlar — às vezes com um grande esforço. Certas crianças usam até mesmo a estratégia de cheirar o doce ou retirar pequenos pedaços por vez, tentando resistir. Para as crianças esse sacrifício é grande, pois por conta do nível de maturidade cognitiva delas, alguns minutos sendo privadas de prazer pode parecer uma eternidade.

Quando o pesquisador volta para a sala, ela dá o segundo doce a quem não tinha comido o outro. É uma recompensa para quem conseguiu agir com autocontrole.

Isso significa que o mesmo autocontrole que as beneficiou no teste provavelmente foi vantajoso no decorrer de suas vidas. Na hora de tomar decisões, essas pessoas conseguiam renunciar a um prazer imediato para obter uma vantagem maior no futuro.

Porém, o cérebro sempre busca a vantagem e a recompensa. Na maioria das vezes, como comprova o teste, é a recompensa imediata que importa, mas adultos que somos, precisamos aprender a controlar a mente e não sermos controlados por ela.

Todo e qualquer novo hábito que precisa ser instalado em sua vida não requer reprogramação mental, mas clareza da recompensa que você irá obter X o que está perdendo em se manter onde está.

O cérebro irá buscar pela recompensa, sempre, mesmo que pequena.

Esqueça o fantasma do inconsciente

A parte destrutiva da nossa mente tem muito a ver com os temidos processos inconscientes. E na busca por desvendar o mundo da lei da atração, é muito possível que você tenha sido assombrado pelo que eu chamo de fantasma do inconsciente.

E digo isso porque é bem comum ouvirmos falar que apenas 5% do nosso cérebro é utilizado para a atividade consciente, restando 95% para o incontrolável inconsciente. É um dado realmente assustador.

Mas você sabia que essa é uma estimativa e não um dado certificado? A BBC, em 2012, perguntou a sete dos maiores experts do mundo em cérebro e cognição sobre essa proporção. E a conclusão foi de que não é possível assegurar esse número. Isso porque a ciência está longe de ter um catálogo completo dos processos cerebrais.

Além disso, pesquisas vêm, cada vez mais, apontando que é possível moldar o inconsciente de maneira consciente. E isso ocorre, de acordo com estudos conduzidos por renomados neurologistas, praticando alguma coisa até que ela se torne automática.

É o processo de formação de um hábito diferente, a criação de uma nova rede neuroemocional que se dá, sem dúvida, na base da consciência. É o que hoje conhecemos como Neuroplasticidade.

É fato que o inconsciente, como também vêm descobrindo os pesquisadores que revisitam a análise de Freud, tende a olhar as situações pelo prisma negativo. Se olharmos para o processo de evolução humana, vamos entender que se trata de uma função de proteção.

Lá, nos tempos das cavernas, era preciso estar sempre alerta contra o desconhecido e os perigos que ameaçavam a própria sobrevivência. Puro cérebro reptiliano, num processo que, como já vimos, está fortemente associado à mente destrutiva.

Mas, hoje em dia, e com essas pesquisas indicando nossa capacidade em moldar o inconsciente usando o poder do pensamento consciente e a Neuroplasticidade, ele pode e deve ser visto como aliado.

Antes de mais nada porque ele se encarrega de nos poupar esforços em atividades que fazemos rotineiramente e sem pensar, como escovar os dentes. Ele trabalha freneticamente o tempo todo para poupar nossa energia.

Fora o fato de que o inconsciente está envolvido em atividades vitais de sobrevivência e tem sido bastante estudado em seu envolvimento com processos intuitivos.

Ou seja, numa relação bem trabalhada com a mente consciente, seu inconsciente vai ajudar a perceber pontos de ajuste para você estar equilibrado e pronto para conduzir a vida e chegar aonde deseja.

Você não é vítima da sua história

E sabe como você entra nesse caminho? Parando de se entender como vítima, pensando coisas como "Minha vida não tem jeito porque eu passei por determinada situação na infância", "Eu não consigo prosperar por causa das crenças da minha família", "Eu não tenho um bom relacionamento, porque meus pais brigavam ou se agrediam".

Pois saiba que tudo isso te afeta exclusivamente por escolha sua. Eu sei que dói ouvir isso. Mas tenha certeza de que não se trata de frequência, vibração, alinhamento, limpeza ou o que seja. É uma questão de decisão. Pare de culpar o inconsciente ou buscar reprogramação a qualquer custo. Pense bem: como saber se o inconsciente foi realmente reprogramado?

Já se fez essa pergunta? É possível saber se as mentes foram alinhadas e se o inconsciente foi de fato reprogramado? Não existe um ponto certo para buscar e saber se de fato foi feito. Então por qual motivo se perde tanto tempo procurando "reprogramar a mente"? Não faz sentido, não é mesmo? As pessoas gastam tempo e dinheiro com treinamentos de reprogramação mental energética e vibracional, fazendo afirmações e treinando o subconsciente e jamais saberão quando ele de fato foi reprogramado (se é que isso existe).

E para você entender melhor isso, vou recorrer a uma das grandes referências da psicanálise. Falo de Jacques Lacan, que, como um dos mais reconhecidos intérpretes da obra de Freud, acabou criando uma escola psicanalítica própria. E ele é bastante contemporâneo, já que viveu até 1981 e teve nas décadas de 1930 e 1940 o auge dos estudos e produção acadêmica.

Muitos analistas dizem que Lacan reinventou o inconsciente e está exatamente nisso o gancho que nos traz para o fundamental papel da decisão. Na teoria de Lacan, o inconsciente não é tratado apenas como um perigoso porão onde estão guardados os nossos problemas, lembranças e traumas.

Veja que interessante isso. Para esse reconhecidíssimo psicanalista francês, o inconsciente pode ser tratado como um campo de conhecimento, dotado de inteligência. Ele nos conecta a elementos como a intuição e o instinto de sobrevivência e, por isso, pode ser nosso aliado nos processos de transformação.

E melhor que isso é que, de acordo com ele, bem como para os estudos mais recentes em Neuroplasticidade sobre os quais vamos falar logo mais, essa estrutura é modelável.

Ou seja – e preste bem atenção nisso –, você não é uma vítima da sua história. Lacan entendia que o inconsciente era um ponto de conexão dos nossos campos de inteligência e não uma "enorme lixeira ou fonte de problemas". É como se ali se juntassem nosso passado, presente e quem sabe até mesmo o futuro como peças que formam nosso quebra-cabeças mental.

E se eu e você lançarmos um olhar de interpretação sobre a teoria lacaniana, fica fácil entender que cabe a você movimentar essas peças. Sim, porque Lacan também diz que a chave de modelagem do inconsciente é a linguagem, porque ele se estrutura a partir dela.

Para ele, simplesmente não existem elementos aos quais não tenham sido atribuídos significados a partir da linguagem.

Isso quer dizer que o seu inconsciente opera a partir de comandos que não serão os mesmos da sua infância até a sua morte, a não ser que você opte por permanecer nesse circuito. O que você pensa e interpreta durante toda a vida é o que faz seu inconsciente trabalhar a seu favor. O fator determinante será a interpretação que você se permite com relação às influências familiares, da cultura do ambiente, das vivências.

Veja bem. O inconsciente não vai dar valor ao que não tiver importância para você. Isso porque o papel dele é justamente estabelecer esse filtro, para poupar sua energia e tomar ações automáticas.

Inclusive o filósofo Jean-Paul Sartre negou a existência do inconsciente. É isso mesmo que você leu.

> *Sartre jamais renegará a posição crítica assumida (no seu mais famoso livro: "O ser e o Nada") com relação à Psicanálise, mais especificamente à noção de inconsciente. E para que não fique nenhuma dúvida, cita o documentário Sartre Par Lui Même (Michel Contat, 1970), em que ele reafirma em alto e bom som – malgrado a estridência de sua voz – exatamente isto: O inconsciente não existe!*

É o famoso piloto automático

Nesse cenário, se o principal fator de comunicação do seu inconsciente é a linguagem, a ferramenta primordial que ativa a operação desse circuito, e que pode transformá-lo em algo positivo, é o pensamento consciente.

O que você escolhe pensar conscientemente é o que seu inconsciente vai entender que tem importância.

Por isso, a tia Lu também diz a todos os alunos que nós importamos, no sentido de trazer para o nosso campo mental aquilo que escolhemos.

Por isso, eu tenho tranquilidade em afirmar para você que modelar o inconsciente é uma decisão. Se você escolhe, por exemplo, ter uma vida diferente da dos seus pais, o seu pensamento consciente é a linguagem que comunica isso ao seu inconsciente, fazendo dele um auxiliar do seu processo de transformação.

E nós vamos tratar, nos próximos capítulos, de passos e ações que te permitem trilhar esse caminho. Mas, por hora, guarde essa mensagem. O seu pensamento consciente é o agente modelador do seu inconsciente é o que vai recriar circuitos de hábitos negativos e do piloto automático que só te leva aos resultados que você não quer.

Portanto, seja o herói de si mesmo e pare de atribuir ao inconsciente a culpa pela decisão que você não está tomando. Chega de temer essa porção mental e fazer dela algo imutável que te assombra.

Sua decisão e escolha vão modelar seu inconsciente e transformar sua vida. Simples e fácil assim!

Chega de pedir ao Universo

Neste livro, eu te prometi a verdade nua e crua sobre a lei da atração e aqui está um outro ponto indigesto, mas crucial. O Universo não deve nada a você. Então, também não vai ser nada eficaz fazer lista de pedidos ou carta para o Universo.

E tem até quem faça pior. Diante de tanto esforço, nas inúmeras técnicas e no extremo cuidado de não "escapar" da frequência ou vibração, muitas pessoas entendem que o resultado é obrigatório.

Não há um universo por trás da realização dos desejos, obrigado a te entregar a vida dos sonhos. O que existe é você operando com a consciência do poder de atração do seu pensamento. E ponto. Mais uma vez eu digo: seja autorresponsável.

Saia da reação e comece a agir. Esse é o percurso fundamental. Se não, você vira vítima do acaso. Abandone o circuito de simplesmente reagir ao que acontece. Isso te coloca naquela postura de acreditar que não teve culpa, que foi sorte, azar, crença ou o que seja.

Você pretende, sinceramente, continuar reagindo à sua realidade? O fato é que atrair o que você quer diz respeito a agir sobre o que você vivencia. Assuma esse comportamento! Chega de ser a criança mimada que quer tudo do seu jeito e se embrabece quando Deus ou o Universo não trazem!

Você não cria nada

Por fim, eu preciso te dizer, ainda, que nós não somos criadores nem cocriadores de nada. Tudo já existe e já foi criado.

Lembre-se de que a base de toda essa nossa conversa é o princípio universal do eletromagnetismo. Cabe a você escolher o que está sendo atraído para a sua vida. Simples assim.

Trata-se de escolher e atrair o que queremos viver. Semelhante atrai semelhante. E atração é o princípio. A ideia de sermos criadores, ou cocriadores, é uma metáfora. Até porque, se assumirmos que Deus é onisciente, ela já te deu tudo. Você vai escolher qual vai experimentar.

Deixe de ser uma pessoa que anda por aí carregando seus problemas e arrastando as correntes da força dos seus hábitos. Eu tenho a te ensinar como fazer a lei da atração funcionar, sem depender de técnicas, áudios, hipnose, ou qualquer outra coisa mística e mágica. O foco é pensamento consciente, é aprender a pensar da maneira correta. E nos próximos capítulos vou explicar direitinho como isso funciona.

Inclusive, você não atrai nada! – Chocado agora?

Pois é, não atraímos nada, mas, sim, somos atraídos para tudo. O seu carro – esse que você dirige – é o carro que te atraiu, a roupa que você gosta de usar te atrai, o perfume de que você mais gosta te atrai, a comida preferida, a série na Netflix, a música, o ambiente, as amizades, os assuntos, as viagens e até mesmo este livro que você tem nas mãos atraiu você.

A *lei da atração* – que já esclarecemos ser uma metáfora – é uma via de mão dupla, ela te atrai e você deve se mover para ela. Exemplo: adoraria conhecer a França; ela virá para a sua sala pela força da vibração? Claro que não, seria estupidez achar isso, mas muitas pessoas usam a lei da atração "achando" que a BMW vai vir para a garagem, que o amor da sua vida vai bater à sua porta, que o emprego dos sonhos vai apertar a campainha e que os milhões irão chegar na sua vida, basta vibrar e esperar para receber.

Esse é um erro clássico e simplório. É necessário agir, ir buscar, pegar, arregaçar as mangas.

Quer ir para a França? Os meios de isso acontecer irão surgir, mas você precisa se movimentar para isso e ir, é claro.

Preste atenção nos pontos-chave

Até aqui, nós já temos claros alguns pontos:

- Alguém que não aposte em autorregulação neuroemocional estará incapacitado até mesmo a desempenhar sua rotina diária. É um caminho que nos deixaria à mercê do que sentimos;

- Por isso, sentir ardentemente o desejo e dedicar horas do seu dia a técnicas de alinhamento, frequência e vibração não é o caminho, e atrapalha bastante já que te faz perder tempo;

- Nada disso vai funcionar sem consciência. Ela vai te trazer clareza do que precisa ser mudado em você e trazer decisão, foco e direcionamento. Não adianta ficar bem no tempo em que se dedica à técnica e não ter domínio mental para que tudo caia por terra com uma simples ligação de cobrança do banco, por exemplo;

- É o que faz do pensamento consciente o fator determinante, de verdade, do seu ponto de atração. Isso se faz a partir de comandos mentais, como eu mostro no meu Método.

Ou seja, a mente se ancora nos pensamentos construtivos que vão impulsionar às boas decisões e resoluções de atrair pessoas, circunstâncias e oportunidades.

A lei da atração não tem a ver com criar ou cocriar. A questão é escolher. Siga comigo para ver como fazer isso!

*O seu ponto de atração é o seu pensamento consciente.
Não o sentimento, a frequência ou a vibração,
mas sim seu pensamento consciente!*

CAPÍTULO IV

AS BASES DO PENSAMENTO CONSCIENTE

"Tá bem, tia Lu. Eu estou entendendo que meu potencial criador está no pensamento consciente. Mas quero conhecer mais os fundamentos da sua proposta revolucionária de Lei da Atração Consciente".

Essa é uma questão que, naturalmente, pode estar passando por sua cabeça e eu tenho uma boa notícia. Você chegou ao capítulo certo. Chegou a hora de eu te explicar que a potencialidade do pensar é uma visão milenar e que a noção de pensamento consciente está apoiada nas mais modernas abordagens da Neurociência. Fiz questão de trazer toda essa abordagem para você ter certeza de que eu não tirei coelhos da cartola, nem simplesmente inventei algo do nada.

Venha comigo para ver que o Método Lei da Atração Consciente® tem bases muito profundas e altamente reconhecidas, inclusive em "O Segredo"!

Muito além de "O Segredo"

Como já conversamos por aqui, o livro e o filme "O Segredo" foram grandes responsáveis pela popularização da abordagem da lei da atração. No entanto, é muito importante perceber que a autora Rhonda Byrne já começa o livro falando que se trata de algo milenar.

Depois de contar que um momento muito difícil foi o que a levou a investigar qual era a chave para uma vida de sucesso, ela fala sobre como o poder mental é algo presente na história do pensamento humano.

Veja que interessante o que Rhonda diz, no primeiro capítulo da obra, que se chama "O Segredo Revelado". Ali, ela já menciona que a lei da atração foi uma descoberta que descortinou sua nova vida.

> *Os maiores mestres de todos os tempos revelaram que a lei da atração é a lei mais poderosa do Universo.*
>
> *Poetas como William Shakespeare, Robert Browning e William Blake recitaram-na em seus versos. Músicos como Ludwig van Beethoven expressaram-na em sua música. Artistas como Leonardo da Vinci representaram-na em suas pinturas.*
>
> *Grandes pensadores, entre eles Sócrates, Platão, Ralph Waldo Emerson, Pitágoras, sir Francis Bacon, sir Isaac Newton, Johann Wolfgang von Goethe e Victor Hugo, partilharam-na em seus escritos e ensinamentos. Seus nomes foram imortalizados, e sua existência lendária sobreviveu aos séculos.*

E sabe o que é mais interessante? Rhonda, ao sintetizar toda essa tradição milenar, presente em tantas referências, também afirma, categoricamente, que "a lei (da atração) reage a seus pensamentos, não importa quais sejam".

Veja como ela reforça a questão do pensamento como base fundamental e isso é algo que, como vamos ver nas próximas páginas, é muito destacado em um sem-número de depoimentos apresentados tanto no livro quanto no filme. Foram 24 grandes especialistas e estudiosos do poder da mente ouvidos pela escritora.

Reforçando a visão histórica em torno do poder do pensamento, Bob Proctor, uma das principais autoridades atuais quando o assunto é poder mental, destaca que os antigos babilônios sabiam e usavam o poder do pensamento. Basta olhar para a notável prosperidade que marca a trajetória desses povos.

Note, por exemplo, os Jardins Suspensos da Babilônia, uma realização de certa forma impensável em se considerando o período histórico da Antiguidade, quando foi construída.

Até hoje, essa obra está entre os maiores mistérios arquitetônicos da História.

O próprio Prentice Mulford, a quem é atribuída a frase "Cada pensamento seu é uma coisa real, uma força", é um pensador que viveu entre 1834 e 1891.

Ele fazia parte de uma tradição filosófica conhecida como Movimento Novo Pensamento, cujo fundamento é justamente a ideia de que o pensamento cria e modifica nossa experiência. E isso no final do século XIX.

O que dizer, então, de "Penso, logo existo", a célebre frase de René Descartes? E olha que estamos falando de um homem considerado o fundador da filosofia moderna. Um lugar que faz de Descartes um dos mais influentes e importantes nomes da História do pensamento ocidental. Ele é o pai do método científico clássico.

Quando falamos de ciência, a tia Lu já gosta, porque sabe que são referências confiáveis.

Eu digo isso tudo apenas para que você entenda, definitivamente, que não sou uma mentora que caiu de paraquedas e está propondo, do nada, uma abordagem que recomeça a lei da atração. O fundamento do pensamento consciente e as bases do meu Método estão nas raízes do pensamento ocidental.

Olha só estes insights!

São inúmeras as referências ao poder do pensamento consciente que encontramos, nas palavras de grandes ícones do pensamento humano.

Eu separei algumas que vão te surpreender! Elas são atribuídas a líderes em diferentes áreas e segmentos. E todas – veja bem, todas – destacam o poder criador do pensamento.

"Você torna-se aquilo em que pensa." (Earl Nightingale)

"Tudo o que a mente humana pode conceber, ela pode conquistar." (Napoleon Hill)

"Pensar é o trabalho mais difícil que existe. Talvez por isso tão poucos se dediquem a ele." (Henry Ford)

"A pior cegueira é a mental, que faz que com que não reconheçamos o que temos à frente." (José Saramago)

"A mais profunda raiz do fracasso em nossas vidas é pensar 'Como sou inútil e fraco'. É essencial pensar poderosa e firmemente, 'Eu consigo', sem ostentação ou preocupação." (Dalai Lama)

"Nós somos o que pensamos. Tudo que somos surge com os nossos pensamentos. Com nossos pensamentos fazemos o mundo." (Buda)

"O homem assim como todos os demais seres e objetos podem ser descritos como formas pensamento criadas dentro da consciência." (Thomas Campbell)

"Tudo está na mente. É onde tudo começa. Saber o que você quer é o primeiro passo na direção de conseguir." (Mae West)

"Penso, logo existo." (René Descartes)

"Pense e fique rico." (Napoleon Hill)

"Uma mente expandida, não retroage." (Albert Einstein)

O potencial do pensamento em obras clássicas

Pois bem. Depois de termos visto algumas reflexões de pensadores de diferentes tendências e áreas sobre o poder do pensamento, eu achei superinteressante trazer para cá referências que eu acho incríveis e que nos despertam para essa visão.

A primeira delas vem para uma obra lançada em 1928. Como "O Segredo" veio só em 2006, falo do reconhecido "A Lei do Triunfo". É um livro de Napoleon Hill, um dos importantes e influentes teóricos no segmento que hoje chamamos de desenvolvimento pessoal. Ele foi, inclusive, assessor de presidentes americanos, tendo se dedicado a estudar o que estava por trás das pessoas de sucesso.

Foi um propósito que guiou toda a carreira de Hill e é declaradamente o objetivo de "A Lei do Triunfo", que se tornou um clássico quando se fala sobre o assunto. Nas páginas iniciais, o autor menciona claramente a ideia de sistematizar 15 leis determinantes para o sucesso de mais de uma centena de homens e mulheres cuja história ele havia investigado.

Nesse livro, se encontra, inclusive, a noção de *master minds* (ou mente mestra), tratando do poder de associar a grupos que comunguem de determinadas visões e pensamentos. É algo que a gente ouve falar muito hoje em dia e é um assunto que rende abordagem específica.

Mas aqui vou manter o foco no que Hill observou olhando para o comportamento de pessoas que alcançaram grande sucesso. Ele fala que algumas das principais contribuições de "A Lei do Triunfo" vieram de Henry Ford e Thomas Edison, duas personalidades de importância indiscutível na trajetória da humanidade.

O mais interessante é observar que nessa obra, da primeira metade do século passado, é transparente a influência do poder da mente e do pensamento para uma vida grandiosa. Hill afirma que toda mente possui um campo elétrico que tem como um dos fatores determinantes a natureza dos nossos pensamentos.

Num trecho em que ele analisa o perfil de Ford, buscando as pistas do que o havia tornado, na visão de Hill, o homem mais poderoso do mundo, do ponto de vista econômico, vem uma frase reveladora: "Inquestionavelmente, o maior ativo de Henry Ford é o seu próprio cérebro".

Ou seja, estamos falando do protagonismo da mente na construção de grandes impérios e realizações. Mas a coisa fica ainda mais interessante quando falamos sobre Edison e o processo de invenção da lâmpada.

Muita gente sabe que Edison foi um grande estudioso e inventor. Ele registrou, de acordo com informações encontradas numa simples pesquisa de Google, cerca de duas mil patentes durante a vida. E claro, a mais conhecida foi a lâmpada.

O que Hill conta em "A Lei do Triunfo" é uma curiosidade que tem absolutamente tudo a ver com o pensamento consciente. O processo do desenvolvimento da lâmpada foi longo e envolveu grande dedicação, por longos anos.

E ainda teve que trabalhar muito para evitar a combustão causada pelo oxigênio e chegar ao princípio aplicado nas lâmpadas que usamos hoje em dia.

"Tia Lu, e o que isso tem a ver com pensamento? Não entendi". Calma, que precisamos ir um pouco adiante. O que Hill explica, com base nos estudos de Edison, é que nosso pensamento se situa numa escala ainda mais alta que a luz.

Veja o trecho de "A Lei do Triunfo" que explica isso. É uma sequência que vem logo após a explicação de Hill sobre a até então inexplicável energia-fluido, como ele chama.

Então, me diga aí: É ou não é poderoso o nosso pensamento? E veja que estamos falando de conceitos clássicos, que nos remontam ao século passado.

Pensamento consciente aplicado à riqueza

Da mesma forma, em "Quem Pensa Enriquece", ou "Pensa e Enriqueça", já que são encontradas traduções com os dois títulos, o mesmo Napoleon Hill destaca o pensamento como o aspecto mais fundamental das histórias de enriquecimento.

Esse livro, de 1937, complementa "A Lei do Triunfo" e tem foco em responder à questão "Como posso ter abundância financeira?".

E a resposta, como já indica o título da obra, é totalmente conectada ao pensamento que, para Hill, é a origem de tudo. Isso porque absolutamente qualquer coisa que faça parte da nossa experiência física ou material foi, um dia, uma ideia na cabeça de alguém.

"E quanto à questão da consciência, tia Lu?". Ela vem justamente na sequência do caminho construído por Hill em seu livro. Ele orienta que o pensamento criador seja acompanhado do forte desejo, que vai manter o foco na realização pretendida.

E isso muito bem temperado com a crença na sua capacidade total de atingir tal resultado e numa intensa dose de persistência. É mais uma demonstração de que o pensamento consciente, que estou te trazendo aqui nesta obra, nasce de conexões que eu estabeleci entre indiscutíveis conceitos clássicos do desenvolvimento pessoal.

Consciência e atitude já surgem, nas obras de Hill, como ingredientes imprescindíveis para quem busca conquistar a vida dos sonhos. E você vai entender tudo isso muito melhor seguindo comigo nessa leitura.

É o que faz com que pensar com objetivo definido, segurança, iniciativa, liderança, autocontrole, confiança em si mesmo e concentração sejam princípios norteadores do sucesso, conforme sugere Hill em "A Lei do Triunfo".

A fonte de onde bebeu "O Segredo"

E já que estamos falando de clássicos, é inevitável falar com você, neste capítulo em que eu traço bases conceituais que fundamentam a construção do meu Método, sobre outro grande livro. É "Ciência para Ficar Rico", de Wallace Wattles.

Esse livro é citado por Rhonda, autora de "O Segredo", sobre o qual vamos nos aprofundar logo em seguida, como o grande impulso do seu despertar para o poder do pensamento. Dessa vez, estamos falando de uma obra ainda mais antiga, de 1910 e, portanto, de mais um dos escritos que balizam tudo que se fala, até hoje, sobre desenvolvimento pessoal.

O objetivo declarado por Wattles, no prefácio do livro, é criar um manual prático sobre como ficar rico. Algo que, para o autor, devemos considerar como um processo fundamental para a realização plena do nosso potencial humano.

E adivinha o que surge, no capítulo 4, denominado "O Primeiro Princípio da Ciência para Ficar Rico"? O pensamento, é claro. Veja o que ele diz sobre a potencialidade do pensamento, em sua relação com o que chama de substância amorfa, a matéria que dá origem a todas as coisas.

> *O pensamento é a única força que pode produzir riquezas tangíveis, originárias da substância amorfa. A matéria de que todas as coisas são feitas é uma substância que pensa, e pensando nas formas esta substância as produz. A substância original move-se de acordo com seus pensamentos; cada uma das formas que se processa na natureza é a expressão visível de um pensamento da substância original.*

Nenhum pensamento de forma pode ser impresso na substância original sem causar a criação dessa forma.

Essa é a base que faz com que Wallace Wattles defenda o argumento de que cada um de nós pode produzir o que foi capaz de pensar. Mas não acredite que ele pare por aí, convidando-nos a simplesmente imaginar sonhos realizados, apenas confiando que a substância amorfa os materialize. O autor diz que a maioria das pessoas não é rica simplesmente por não entender o princípio criador do pensamento e, principalmente, por não o colocar em ação. Ou seja, é fundamental que sua consciência contribua, de maneira ativa, com esse processo de criação mental.

> Se você quiser uma máquina de costura, prenda-se à imagem mental dela com a mais positiva certeza [de] que está sendo feita ou está a caminho até você. Depois de dar forma ao pensamento, tenha a mais absoluta e inquestionável fé que a máquina de costura está vindo. Nunca pense ou fale dela como se não fosse certo ela chegar. Reivindique-a já como sua.
>
> Quando esta impressão é espalhada, todas as coisas movem-se para a sua realização. Cada coisa viva, cada coisa inanimada, e as coisas ainda não criadas, são movidas para fazer o que você quer. Toda força começa a ser exercida nesse sentido. Todas as coisas começam a se mover para você. As mentes das pessoas em toda parte são influenciadas para fazer coisas necessárias a cumprir seus desejos, trabalhando para você, inconscientemente.

É ou não um convite como o que a tia Lu está te fazendo, para pormos o pé no pensamento consciente? Wattles diz, ainda, numa visão que nos lembra do quanto o pensamento consciente representa nosso ponto de atração, que nos cabe vigiar o pensamento.

Afinal, reside naquilo que recebe nossa atenção, com observação e pensamento firmes, o grande poder de realização dos ser humano. Veja isso nestes outros trechos de "A Ciência de Ficar Rico":

> O pensamento é o poder criativo, ou a força motriz que faz o poder criativo agir. Pensar de uma certa maneira trará riqueza até você, mas você não deve confiar só no pensamento, não se importando com as próprias ações. Essa foi a rocha que afundou muitos outros pensadores científicos – a falha em conectar os próprios pensamentos e ações.

Sempre que recair nos velhos modos de pensamento, corrija-se imediatamente.

Pelo pensamento, a coisa que você quer será trazida. Pela ação, você a receberá.

O que diz "O Segredo" sobre o poder do pensamento?

Pois é. Inegável a importância de todas as referências que trouxemos até aqui, não é mesmo?

Mas ainda tem muito mais. Durante todo este capítulo, vai ficar muito mais transparente e compreensível que pensamento e consciência são centrais para ser um realizador dos desejos.

É o caminho para se libertar dessa vida que você não quer. Algo possível com você assumindo o comando e ativando o seu poder mental, a partir do pensamento consciente.

Vamos, então, mergulhar um pouco mais no que diz "O Segredo" sobre o que é a lei da atração e como ela é capaz de te ajudar a realmente ter a vida que almeja? Fazendo essa pequena viagem comigo, você vai perceber que esse best-seller, que é, sem dúvida, um dos mais populares sobre o tema da lei da atração, diz muito sobre o protagonismo do pensamento.

Em primeiro lugar, o livro reforça aquilo que eu te contei nos capítulos anteriores. Tudo tem a ver com princípios claros e simples de eletromagnetismo. É você atraindo, repelindo e sendo atraído a situações, circunstâncias e oportunidades.

Para explicar isso, Rhonda Byrne compara todo esse processo a um sistema de torre de transmissão. E o que surge como o ponto de conexão capaz de se refletir em experiência material ou física? Mais uma vez, o "pensamento consciente".

A autora afirma categoricamente que "a Lei da Atração simplesmente lhe dá, seja lá o que for, que esteja em seu pensamento".

> As imagens que você recebe da transmissão de seus pensamentos não estão numa tela de TV em sua sala: mas nas imagens da sua vida! Seus pensamentos atraem coisas semelhantes que em seguida lhe são transmitidas de volta como as imagens de sua vida. Se você quer mudar algo em sua vida, mude o canal, mudando seus pensamentos.

Perceba como esse trecho torna simples compreender que temos no pensamento consciente um legítimo ponto de atração. Ele dá vida às ondas eletromagnéticas que nos retornam em forma de acontecimentos cotidianos.

Ao abordar a relação entre pensamentos e sentimentos, Rhonda volta a dizer que a realidade é determinada pelos pensamentos. Ela diz que os sentimentos são fontes de percepção da sua mente. Por isso, perguntar-se sobre como está se sentindo vai tornar você mais consciente de como está operando o seu poder mental de atração.

Quando eu explico a você que dar ao sentimento o papel de criar o desejo é inverter o processo, estou também calcada no que diz Rhonda. Ela afirma que pensamentos produzem sentimentos, exatamente como eu defendo no meu Método.

> A importância dos sentimentos não pode ser exagerada. Seus sentimentos são apenas o termômetro para ajudá-lo a criar sua vida. Seus pensamentos são a causa primária de tudo. Tudo mais que você vê e vivencia neste mundo é efeito, é secundário e isso inclui seus sentimentos. A causa é sempre seus pensamentos, todo o resto é secundário.

Tanto a autora quanto diversos avatares citados na obra tratam os sentimentos como um mecanismo de feedback para dimensionarmos a atenção, determinada pelos pensamentos. Daí a importância que os grandes gurus dão ao fato de você sentir-se bem.

Esse bom estado sentimental é um reflexo de que você está mantendo uma cadeia de pensamentos empoderadores. E isso tem tudo a ver com aquele circuito neural de criação de hábitos positivos sobre o qual já falamos neste livro.

Isso significa usar a consciência a seu favor, para que sua estrutura neuroemocional esteja autorregulada, como já vimos por aqui. Ou seja, os sentimentos não criam. São, sim, bons apoiadores da sua conscientização, determinando o uso poderoso dos pensamentos.

Entenda, de uma vez por todas, algo que vou reforçar. Não há nada de errado em você usar ferramentas para elevar seu sentimento. O equívoco é entender o sentimento como o que cria, sem levar em conta o pensamento como ponto de partida, no princípio do eletromagnetismo.

O fluxo da vida e a nossa atração são alimentados por aquilo que grandes especialistas em Neurociência chamam de pensamentos predominantes. Investir nos pensamentos positivos é uma forma de ajudar esse sistema a se alimentar de ideias empoderadoras.

E essas, sim, vão te transformando num imã de coisas boas.

Separei trechos poderosos para você

Veja trechos de "O Segredo", em que Rhonda fala sobre o pensamento como base do eletromagnetismo.

> O que você está pensando agora está criando sua vida futura.

Podemos usar o livre-arbítrio para escolher pensamentos. Temos o poder de pensar e criar intencionalmente a vida inteira com a mente.

Decida o que você quer ser, fazer e ter, pense sobre isto, mantenha a consciência focada e sua visão se tornará sua vida.

Você tem uma escolha, e, seja lá o que escolher pensar, isso se transformará na sua experiência de vida.

Nada pode entrar na sua experiência sem que você escolha isso com o seu pensamento.

Tudo o que entra em sua vida é você quem atrai, por meio dos pensamentos predominantes que mantém em sua mente. É o que você está pensando na maior parte do tempo. Você é atraído para o que estiver se passando em sua mente predominantemente.

Os depoimentos dos grandes avatares

Nos depoimentos que renomados especialistas dão em "O Segredo", tudo isso fica ainda mais claro.

> *A criação está sempre acontecendo. Toda vez que alguém tem um pensamento, ou uma forma intensa e prolongada de pensar, ele está no processo de criação. Algo se manifestará a partir desses pensamentos.* (Michael Bernard Beckwith)

Ela funciona sempre que você pensa. Toda vez que seus pensamentos fluem, a lei da atração está funcionando. Quando você está pensando no passado, no presente ou no futuro, a lei da atração está funcionando. É um processo contínuo. Não há como pressionar a tecla "Pausar", ou a tecla "Parar".

"Ela está sempre em ação, assim como seus pensamentos." (Lisa Nichols)

"Os pensamentos enviam o sinal eletromagnético que atrai esse paralelo para você." (Joe Vitale)

"O que a maioria das pessoas não entende é que um pensamento tem uma propriedade. Nós podemos medir um pensamento." (John Assaraf)

"Esse princípio pode ser resumido em três simples palavras: Pensamentos – se tornam – coisas!" (Mike Dooley)

Nós, seres humanos, temos como tarefa nos agarrar aos pensamentos daquilo que desejamos, tornar completamente claro em nossas mentes o que desejamos e, a partir daí, começamos a invocar uma das maiores forças do Universo: a do eletromagnetismo, da atração.

"Você se torna aquilo em que mais pensa, mas também é atraído para aquilo em que mais pensa." (John Assaraf)

"O que você vê na sua mente é o que vai ter na mão. Se você pode pensar sobre o que quer e faz disso seu pensamento dominante, você trará isso para sua vida." (Bob Proctor)

O que dizem os neurocientistas modernos

Atualmente, é possível comprovar que cada pensamento humano emite e gera campo elétrico E magnético (e em maiúsculo, sim, já que tudo que gera o campo elétrico também produz campo magnético equivalente) semelhante ao campo eletromagnético do Sol nas proximidades de Plutão, ou seja, o pensamento consciente é tão poderoso e forte que pode ser comparado a algo tão específico.

> ...a ordem de magnitude do campo magnético gerado dentro do nosso cérebro é equivalente ao picotesla – nessa unidade de medida – é equivalente ao campo magnético medido do Sol no limite do Sistema Solar, naquela região você tem um valor de campo magnético que é semelhante ao campo magnético produzido por 86 bilhões de neurônios dentro do córtex no cérebro humano. (Miguel Nicolelis – "O Verdadeiro Criador de Tudo")

Descobertas também demonstram que as células corporais têm receptores para os pensamentos, ou seja, as células do seu corpo estão 24h por dia recebendo sinais e estímulos diretamente dos seus pensamentos.

O Dr. John Eccles, ganhador do Prêmio Nobel de Medicina, graças às suas pesquisas em percepção extrassensorial, demonstrou que o pensamento tem influência sobre as células cerebrais. Pensamentos e neurotransmissores ou neuropeptídios estão intimamente ligados e tudo o que acontece no universo mental influencia e ocasiona mudanças físicas.

Isso te assusta ou te tranquiliza?

Se assusta, significa que você não controla seus pensamentos e isso é um alerta. O que você está enviando para as suas células? Essas células se dividem com essa informação, sabia disso?

É claro que as células também recebem estímulos dos sentimentos, mas, que fique claro, temos em média 60 a 80.000 pensamentos por dia, mas não temos 60 a 80.000 sentimentos por dia, ou seja, matematicamente falando, inclusive, as chances de as células receberem mais informação dos seus pensamentos é extremamente maior.

Não adianta de nada sentir, fingir, fazer técnica e meditar para elevar a vibração se o ser humano não é capaz de se manter alegre, feliz e harmônico o tempo todo. Somos de carne e osso e fatalmente teremos momentos de fúria e tristeza, isso é legítimo e normal. O que não é normal é a pessoa se martirizar para viver alegre 24h por dia para sentir a vibração elevada. Isso é impossível!

Então, os pensamentos ocorrem muitas vezes mais do que os sentimentos, por isso, preste atenção aos pensamentos em sua mente, pois as suas células recebem bem mais pensamentos por dia do que a elevação da frequência e o sentimento.

Muitos insistem em brigar comigo e dizer que o pensamento não tem tanta importância assim. Brigue com os neurocientistas modernos mais respeitados do mundo, brigue com os ganhadores do prêmio Nobel, pois eles dedicaram a vida para nos deixar esse conhecimento.

Apenas não menospreze o poder do pensamento consciente.

Vamos falar sobre obras e ícones modernos?

Até aqui, meu querido leitor, você viu que eletromagnetismo, pensamento e, principalmente, pensamento consciente são destacados, em toda uma tradição conceitual, como bases de transformação da vida.

Livros e filmes como "O Segredo" e "Quem Somos Nós" lançaram muita luz a essa discussão, mas ela é milenar e teve muitos desdobramentos. E a eles vamos nos dedicar agora.

Como eu quero lançar um olhar mais amplo para um conjunto de pensadores e abordagens cujas bases me sedimentaram nessa proposição do pensamento consciente como fundamento para pensarmos a Lei da Atração Consciente, chegou a hora de falar das referências modernas. E vamos começar muito bem esse percurso, que nos conduz a conceitos mais atuais, falando de Louise Hay. Ela é considerada uma das fundadoras do gênero literário da autoajuda e teve uma história muito profunda de contato com poder pessoal na vida íntima.

A cura de um câncer, com a ajuda do poder mental, foi a base para alguns de seus grandes best-sellers, como "Você Pode Curar sua Vida" e "O Poder Dentro de Você".

O grande argumento que Louise traz, nessas obras, é a importância da qualidade dos nossos pensamentos na promoção de mudanças e melhores resultados na vida.

"Atualmente, estamos começando a entender a relação entre o mental e o físico. Estamos aprendendo que os pensamentos têm o poder de criar e que devem ser moldados para que deem origem a coisas boas".

A partir desse princípio, tornamo-nos totalmente autorresponsáveis. Algo que diz respeito ao que eu chamo de tomar as rédeas da vida. Por isso, Louise diz que o que mais importa é o momento presente, quando temos a chance de tomar decisões, nos empenhar e mudar o que seja. Veja, no trecho a seguir, como essa grande autora nos convida a um exercício de pensamento consciente.

> Pare e pense! O que você está pensando neste exato momento?
>
> Você gostaria de tornar real tudo aquilo que está pensando?
>
> Se for um pensamento de preocupação, raiva, mágoa, vingança ou medo, como acha que ele voltará a você? Seja qual for o problema ele se origina de um padrão de pensamento e padrões de pensamentos podem ser modificados.

Uauuu, hein? E se liga na dica que vou te deixar. Guarde devidamente essa última frase porque, logo mais, a tia Lu vai falar com você justamente sobre esse processo de modificação mental.

O que você escolhe pensar vai determinar o que é atraído para a sua vida. É disso que eu falo quando trago o pensamento consciente como ponto de atração, em se tratando da base conceitual do meu Método.

Seus pensamentos são o pilar desencadeador do eletromagnetismo. E o melhor, como vamos ver agora, é que a qualidade dos seus pensamentos é, sim, moldável, a partir dessa chave chamada consciência.

*O grande segredo: PENSAMENTO CONSCIENTE!
A base do Método Lei da Atração Consciente®!*

CAPÍTULO V

PENSAMENTO CONSCIENTE É TRANSFORMAÇÃO

Chegar ao patamar de vida que sonha, em qualquer área que seja, é muito fácil quando você entende e assume o seu poder pessoal e foca no pensamento consciente. "Ah, Lu, você fala isso porque é assim para você, que conhece muito sobre transformação da realidade".

Olha lá o pensamento focado no difícil que, nós já sabemos, não leva a nada. Você não está fadado a ser o que é hoje, ou manter esse estado mental que não te conduz a conquistar seus desejos. Muito pelo contrário. Sua mente é poderosa e ajustável.

Decida agora por fazer do pensamento consciente a ferramenta dos seus melhores resultados. Há segredos aplicáveis para remodelar seu cérebro e transformar a pessoa que você é, automaticamente te levando a uma vida em que você pode e tem muito mais. São caminhos que eu vou desvendar com você neste capítulo.

Mas, antes, vamos fazer uma rápida recapitulação do que vimos até aqui para você entender o que faz do método revolucionário e capaz de te fazer entender como você ativa o seu poder e realiza desejos. E isso de forma simples, prática e sem mistificação.

O que já entendemos:

- O pensamento é o ponto de ativação do seu poder de criação;

- Seu pensamento cria, mas sua ação realiza;

- Por isso, seu ponto de atração é o pensamento consciente;

- Abandone a ideia de ser assombrado pelo inconsciente. Seu panorama mental é modelável a partir das chaves que vou te trazer agora.

Análise consciente: uma primeira chave

Lembra que quando falávamos das ideias de Louise Hay, em "O Poder de Curar sua Vida", eu te prometi falar mais sobre os pensamentos poderem ser modificados? Chegou a hora de tratarmos disso.

O que Louise indica é justamente um exercício absolutamente vinculado à consciência; um ponto crucial para o meu Método. Ela sugere a quem efetivamente decide se transformar a prática da faxina mental. Isso significa um processo de análise, avaliando os registros mentais que é interessante manter e aqueles que estão atrapalhando e precisam ser jogados fora.

Essa é a hora em que Louise sugere eliminar, principalmente, medo, crítica, culpa e ressentimento. É ou não é o que estamos aprendendo aqui sobre se ancorar no pensamento consciente?

Com isso, virá o desapego e a decisão de pensar conscientemente

Quando você se dedica a esse exercício consciente de análise do seu panorama mental, visando substituir pensamentos limitadores da mente destrutiva por pensamentos empoderadores da mente construtiva, começa outra chave altamente poderosa. É o desapego.

A mesma Louise, que nos propõe essa faxina mental, reforça que é preciso abandonar o passado. Afinal, o que você pretende é atingir uma qualidade de pensamentos que te leve para um outro nível, certo?

E isso não vai acontecer se você continuar alimentando os mesmos pensamentos, que são a origem de tudo que sua vida manifesta agora. Não se desprender do passado é perpetuar postura vitimista e manter no ciclo vicioso dos problemas. Essa é a verdade e eu preciso ser direta com você.

Nesse mesmo sentido, lá em 1910, Wallace Wattles aconselhava, em "A Ciência de Ficar Rico".

> *Não fale de seus problemas financeiros do passado, se você os tiver. Nem pense neles. Não fale da pobreza de seus pais ou das dificuldades de sua vida. Fazer alguma destas coisas é classificar-se mentalmente como pobre agora, e isso certamente bloqueará o movimento das coisas em seu sentido. Ponha a pobreza e todas as coisas que pertencem à pobreza totalmente longe de você.*

Preste atenção no quanto é importante estar atento ao agora, agindo e focado no momento presente. Outra coisa que eu não posso deixar de lembrar é que o negativo e o difícil precisam, definitivamente, ser dissolvidos. Isso é entrar no Fácil. E olha a sugestão incrível que também aparece em "A Ciência de Ficar Rico": "Nunca fale que os tempos estão difíceis, ou que sua vida é uma luta e que você é um guerreiro ou guerreira".

Perceba que isso significa a decisão de não dar espaço ao difícil, ao passado, às crenças, a histórias ruins ou ao que for que comprometa o caminho de ampla realização do seu poder pessoal. É uma questão de decisão.

Se eu tomo consciência, diante de todo um trabalho de análise do panorama mental que vem sendo determinante da minha vida, que há determinadas crenças e paradigmas, opto que eles não façam parte do meu universo mental. Se os medos e inseguranças que me travam ficam claros, já dei o passo crucial para que isso se dissolva.

O ponto de virada, e aqui estamos falando do pensamento consciente, é decidir renunciar às correntes que você vem arrastando. Aquelas que muitas vezes se tornaram dores de estimação. Consciência é o que te faz saber qual é o problema de verdade e como ele pode ser enfrentado. E aí você muda e efetivamente corrige os bloqueios. Ou vai ficar eternamente na maquiagem, aquela da simples limpeza de crenças que não te ajuda a conquistar coisas grandes. Trata-se, volto a dizer, de você escolher ter controle sobre a sua vida.

Siga comigo e vamos entender que esse caminho é fácil. Os estudos mais recentes em Neurociência, a chamada Neuroplasticidade, nos mostram o quanto você é flexível, o quanto pode aprender a ter outros pensamentos e resultados a partir deles. É construir novos hábitos, como eu sinalizei no capítulo anterior e vou reforçar agora.

Vamos falar da plasticidade do cérebro?

Tudo isso está relacionado a alguns dos mais modernos estudos do campo da Neurociência, focados na Neuroplasticidade. Calma. Não se assuste com esse nome.

O importante, aqui, é entendermos que esse conceito se refere à capacidade que o nosso sistema nervoso possui de mudar, se adaptar e modelar, em nível estrutural e funcional, quando sujeito a novas experiências. Estamos falando, basicamente, que o nosso sistema nervoso tem a capacidade de responder de modo diferente, a partir de estímulos internos e externos que também se diferenciem.

Ou seja, não estamos eternamente fadados aos mesmos comportamentos. E um dos pontos-chave para isso é o aprendizado.

Portanto, investir em conhecimento é um caminho crucial para reorganizar sua rota cerebral, se assim podemos dizer. Trata-se da correção do circuito de hábitos que estão te mantendo nos resultados que você não quer.

Um importante estudioso da Neuroplasticidade é Joe Dispenza, também um dos especialistas ouvidos no filme "Quem Somos Nós". Um de seus livros de grande sucesso é "Quebrando o Hábito de ser Você Mesmo".

A obra chama a atenção justamente para o fato de que não estamos condenados a experimentar a mesma vida eternamente. Podemos usar a capacidade adaptativa do nosso cérebro para promover mudanças internas, que se reflitam numa experiência externa mais rica.

O começo de tudo, na visão de Dispenza, é justamente entender que a maneira como pensamos tem efeito na vida e atuar, a cada dia, a partir dessa consciência. Ele, inclusive, nos convida a refletir sobre se, a partir de sabermos que isso é verdade, permitiríamos que qualquer pensamento desviado do que desejamos experimentar integrasse a nossa consciência.

Partindo do princípio neurocientífico de que o cérebro é o registro do ambiente em que vive um ser humano, as reflexões de Dispenza propõem uma reflexão que eu também faço com o Fácil.

Você escolhe fazer do ambiente o fator de controle do seu pensamento, ou ser o condutor, tendo o seu pensamento como o ponto de controle do ambiente.

Que reflexão poderosa, hein? Qual caminho você escolhe?

A partir disso, Dispenza nos leva a entender que fazer tudo da mesma forma, todos os dias e até mesmo tendo contato com as mesmas pessoas, é a chave do insucesso.

Seguir uma rotina guiada pelos mesmos pensamentos, que geram ações repetidas, que, por sua vez, criam sempre as mesmas emoções e experiências vão te levar aos mesmos resultados e, pior, te deixarão viciado na mesma experiência. É o que chamamos de hábito ou piloto automático.

É uma consequência natural. Isso é um cérebro que pensa igual a seu ambiente. Trata-se de um cérebro que responde ao "piloto automático", com circuitos neurais acionados pelo ambiente de vida daquele indivíduo e fazendo com que ele simplesmente pense igual a tudo que já conhece. Nessa rede neural "familiar", o resultado é apenas mais do mesmo.

A respeito disso eu falava quando mencionei as dores de estimação. Nossos pensamentos ligam um conjunto de circuitos químicos cerebrais. Isso ativa processos, em outra parte do cérebro, com foco em que suas emoções reflitam exatamente o que você pensa.

E como mudar isso? A resposta é simples. Dispenza fala em pensar maior que o seu ambiente, em tirar a tensão e o foco do seu ambiente cotidiano e manter a consciência em seus pensamentos de metas, objetivos e alvos a serem atingidos. Trata-se efetivamente de construir uma nova personalidade, capaz de experimentar uma realidade completamente diferente.

O ponto de partida proposto por Dispenza para esse percurso é mudar os pensamentos que você está tendo, para que seja possível demonstrar novos comportamentos e hábitos e expressar emoções de outra ordem.

Esse é o caminho para que seu cérebro opere de maneira construtiva, atuando sobre o ambiente. E aí você tem a perspectiva de um novo panorama mental, já que, para Dispenza, mente é o cérebro em ação.

Em resumo, fazer o cérebro funcionar em novas sequências, padrões e combinações é o que coloca você no comando. Algo totalmente viável, já que o cérebro é um organismo vivo, adaptável e moldável.

E por isso eu baseio o Método Lei da Atração Consciente® no pensamento consciente, que te torna capaz de estabelecer esses novos circuitos. Do contrário, você será sempre alguém agindo igual e sonhando com os desejos que não se realizam.

Dispenza diz, inclusive, que a consciência tem o papel de alterar o cérebro e a mente. Por isso, eu também vejo na consciência algo tão fundamental. É a partir dela que você pode recriar sua estrutura neural, revisitando um conceito que estudamos por aqui, para gerar novos resultados na vida.

Um processo sempre disparado pelo que você pensa. Portanto, seu pensamento consciente é o alicerce de um novo panorama mental, que te distancia dos antigos hábitos e ajusta sua rota para os resultados incríveis que você deseja.

Aprofundando os hábitos e suas neuroconexões

Quando fala sobre o conceito de hábito, Dispenza relaciona essa noção com o conjunto de pensamentos, crenças, percepções, atitudes e reações emocionais baseado no que está memorizado e registrado no seu cérebro, mente e consciência.

E para falarmos mais sobre eles e seu processo de mudança, que já tratamos como absolutamente possível, vou trazer a abordagem do autor Charles Duhigg. Ele nasceu em Albuquerque, no estado do Novo México, estudou em Harvard e nos traz conceitos e ensinamentos sobre o hábito. Em livros como o "Poder do Hábito" e "Mais Rápido e Melhor", ele fala justamente sobre como deixar de ser essa pessoa que simplesmente nos faze alguém que reage ao ambiente. Na mesma linha de análise de Dispenza, ele propõe um processo para a criação de novos hábitos.

O criar e "descriar" dos hábitos

Falando como os hábitos se instalam, Duhigg identifica um fluxo que envolve três etapas:

- **Gatilho:** aquela coisa que acontece e convida seu cérebro e entrar em modo automático, economizando sua energia e buscando uma resposta baseada nos seus padrões de registro;

- **Rotina:** é justamente a ação disparada, que você simplesmente executa sem pensar;

- **Recompensa:** o estímulo positivo que valida essa ação ao seu cérebro, indicando a ele que a resposta funciona e deve ser armazenada. Aqui está a chave para a posterior repetição.

Trazendo um exemplo de como esse mecanismo funciona, ele cita, em "O Poder do Hábito", uma pessoa, de nome Maria, que está com problema, não se sente bem e resolve ingerir bebida alcoólica.

Ao beber pela primeira vez, a sensação é boa, de esquecer os problemas. Então, toda vez que algo a chateia, Maria recorre à bebida para ter a recompensa de esquecer a situação ruim. E a questão é que esse ciclo chega a um ponto em que beber se torna um hábito.

Ou seja, todo o vício, ou mau hábito, começa com um fator desencadeante. O gatilho do exemplo da Maria foram os problemas.

É uma situação hipotética que deixa bem claro esse ciclo envolvendo o gatilho que dispara o hábito negativo – no caso, o problema –, a criação da rotina do ato de beber – o costume ruim – e a recompensa de esquecer os problemas.

O processo de criar novos hábitos

O grande pulo do gato vem de entender que recriar esse circuito vai na mesma linha de automatização. Perceba que falamos, aqui, de um mecanismo que se instala, registra e reproduz, no piloto automático. Sobre isso também falei ao apresentar a visão de Dispenza.

Então, da mesma forma que você roda o circuito daquele hábito destrutivo, que está te mantendo bloqueado e no mesmo lugar, bons costumes também vão funcionar no piloto automático do sucesso.

E Duhigg indica passos práticos, que ajudam a recriar novos hábitos. Vamos lá fazer o caminho que vai fazer do seu pensamento consciente o agente que te faz ator da sua realidade, ativando o poder da sua mente de transformar ambiente externo, ao invés de meramente reagir a ele?

Passo 1: Identificar

Analisar comportamentos e questionar os resultados que estão trazendo para a sua vida são seu foco de ação neste momento. Consciente do que está te atrapalhando, você pode partir para um plano de mudança;

Passo 2: Testar recompensas

Vai ser preciso entender o que está funcionando como gatilho. Nisso, recompensar-se de modos diferentes vai ajudar muito. Duhigg traz o exemplo de quem quer parar de ingerir alimentos pesados à noite.

Ele diz que, nesse caso, vale a pena testar um lanche saudável e observar se, depois de algum tempo, ainda persiste o desejo de fast food, o que pode significar que a questão não era a fome. É a hora de investigar a possibilidade de o gatilho ser cansaço, por exemplo, tirando um tempo para relaxar.

E assim por diante. O importante é ter foco em perceber o que você está compensando.

Passo 3: Gatilho isolado

Este é o momento de entender o padrão e buscar efetivamente eliminar o gatilho. O que vai te ajudar, como explica Duhigg, é partir do princípio de que há cinco determinantes fundamentais dos gatilhos. Observar e tomar nota da ativação do hábito relacionada a essas situações vai dar clareza das razões para aquele padrão e de como não o repetir.

Então, analise o lugar em que geralmente surge a rotina; o horário associado ao hábito que precisa ser mudado; as pessoas que estão com você quando essa rotina aparece; as emoções que estão associadas ao seu hábito; se o acionamento desse mecanismo está relacionado com algo que você tenha a fazer.

Passo 4: Plano de ação

Até aqui você já entendeu o que quer mudar. É a hora de planejar uma nova rotina, desta vez positiva, baseada na recompensa da qual você identificou que precisa. Agindo com persistência, planejamento e foco, você instala um novo hábito e cria o ciclo positivo, com incríveis resultados correspondentes.

Quanta informação valiosa estamos compartilhando neste livro, não é mesmo?

Eu tenho certeza de que, agora, você entendeu bem por que o pensamento consciente é a **base** do Método. Você viu que, nele, está sistematizado o fundamento de fazer da sua mente um agente poderoso de transformação da sua vida.

Isso é, de verdade, falar de poder pessoal. E, sabendo disso, você vai tirar muito mais proveitos de algumas lições práticas que vamos trazer sobre como colocar o Fácil em ação.

*Sair da reação e começar a agir!
Esse é o primeiro passo de quem está no FÁCIL!*

CAPÍTULO VI

APLICANDO O PENSAMENTO CONSCIENTE

Até aqui nós já temos bem claro por que o pensamento consciente é o grande pulo do gato. Se o pensamento é o fator de atração, a possibilidade que cada um de nós tem de ser um agente que modela as experiências, os resultados que você experimenta são determinados ali, onde tudo começa.

Só que a grande questão é que não basta pensar, ou pensar positivo. Esse é o grande equívoco que muitas pessoas cometem nesse cenário da lei da atração. A questão é que você atrai o que pensa, por eletromagnetismo; esse é de verdade o princípio de que falamos aqui.

O que vai te fazer um imã de coisas boas, sendo alguém que transforma eletromagnetismo em poder pessoal, é o pensamento consciente. E eu quero dizer com isso que é preciso pensar de maneira correta, direcionada, focada e consciente. Por não fazerem isso, as pessoas não passam de sonhar com a vida que nunca alcançam.

E agora chegou a hora de falarmos sobre como isso acontece, como você ativa o seu poder pessoal, entendendo a aplicação do pensamento consciente.

Afinal, nós estamos aqui falando do poder do pensamento consciente, de você ter transformação, atingir outros níveis. Essa é a minha missão e é nisso que eu quero te ajudar.

Esta tal Física Quântica

Hoje em dia, acabou virando moda falar que tudo é quântico – o que se torna, convenhamos, até irritante. E já que, aqui, nós estamos revolucionando e desmistificando essas abordagens, vamos falar um pouco sobre o que é a Física Quântica.

Meu trabalho é colocar cada coisa em seu lugar, sem complicações, não é mesmo?

A Física, ou Mecânica Quântica, é um campo de estudos que se desenvolveu no século XX e revolucionou a abordagem clássica, cujo principal ícone é Isaac Newton. Até então, entendia-se que o comportamento da matéria era regido por leis matemáticas e, portanto, calculáveis e previsíveis.

O termo "quantum", ou fóton, podemos entender como pacotes indivisíveis de energia, que não vão se comportar sempre da mesma forma, como acreditava a Física clássica. Por isso, os físicos quânticos também passaram a estudar outros fundamentos, como a incerteza e as múltiplas possibilidades. Pensar na Física Quântica é entender que o Universo não tem determinismo.

"Tá bem, tia Lu, mas o que isso significa, na prática?". Sinceramente, nós somos seres com massa (corpo) que ocupa um espaço no universo, logo somos regidos pela Física clássica. Então a Mecânica Quântica está experimentando o núcleo do átomo, não o corpo humano. Independentemente de sermos feitos de átomo, quando os átomos se unem, deixam de ser uma partícula e se tornam um corpo.

Mesmo que sejamos formados de átomos, assim como a praia é formada por areia, cada grão faz parte da areia, mas um grão de areia sozinho não pode se comparar à praia toda, sendo assim, a praia não é o grão de areia, quando juntos se tornam algo muito maior que obedece às leis da Física clássica.

A Mecânica Quântica (Física Quântica) é a teoria da Física que obtém sucesso no estudo dos sistemas físicos cujas dimensões são próximas ou abaixo da escala atômica, tais como moléculas, átomos, elétrons, prótons e outras partículas subatômicas,

Diferente do que muitos gurus e mestras dizem por aí – sem comprovação científica alguma –, a Física Quântica não vem comprovando crenças ou sentimentos, mas sim núcleos atômicos, que quando se tornam tecidos e órgãos (corpo humano) têm peso e ocupam um lugar no espaço – até o ar (vento) é matéria, pois ocupa espaço; tudo o que ocupa espaço é matéria.

Está aí a ciência demonstrando que somos o que pensamos. E aqui entra em jogo a chave entregue nas nossas mãos. Nós participamos ativamente na construção da nossa realidade. E isso pode ser para uma vida grandiosa, ou para continuar carregando os velhos problemas. Está vendo por que se trata de escolha?

Por isso, os grandes avatares, inclusive no livro "O Segredo", falam que é como se houvesse um grande cardápio de experiências que cada um traz para a vida de acordo com as opções.

E quando você faz isso, sem atuar a partir do pensamento consciente, segue colhendo sempre os mesmos resultados e acha que a lei da atração não funciona, quando não entende o caminho de agir na direção dos sonhos.

O que você está observando?

Para falar sobre a consciência e a observação da realidade, é importante que você entenda que a realidade física é 100% percepção e que consciência é tudo o que faz parte disso.

Mas existe uma parte do cérebro que ativa o Sistema de Ativação Reticular (SAR), que é o responsável pela atenção e foco. Já ouviu a frase "tudo o que você coloca foco aumenta"? Essa não é só mais uma frase bonitinha, ela tem uma explicação científica.

Nossos antepassados estavam sempre em luta ou fuga e o nosso cérebro age por extinto e defesa para sobreviver sempre que possível, é visceral. Porém, desde os tempos mais remotos, o homem precisou focar no alvo para salvar a sua pele do predador ou para garantir o jantar (matar ou morrer).

Por causa essas ocasiões, o cérebro humano evoluiu a partir disso para manter "alvos" no seu foco e eliminar o que não interessava e que estava a sua volta. Para isso o SAR é peça fundamental.

SAR é um sistema do nosso cérebro que atrai nossa atenção para aquilo que é importante para s gente, ele elimina todos os dados que não são importantes e apresenta somente o que é válido para o seu interesse. E tudo isso acontece sem que você perceba.

Essa parte do cérebro é aquela que mostra tudo aquilo que você coloca foco, ou seja, ele identifica o que você quer e te traz mais disso. Portanto, tudo o que você coloca foco aumenta.

Isso quer dizer que se seu foco é nas dívidas e nas contas para pagar, lamento, mas é isso que seu SAR irá te mostrar o tempo todo (mais e mais contas para pagar). Se seu foco está na dificuldade, é isso que você mais irá observar a sua volta. Não é vibração ou energia, é seu cérebro te mostrando mais do que você tem focado (nada de místico, viu?).

Existe inclusive um estudo sobre isso: princípios de percepção, que regem a forma como as pessoas captam sentido de um mundo muitas vezes desordenado. Seu trabalho levou ao que é conhecido como as leis da Gestalt de organização perceptual. Essa teoria da percepção propõe que as pessoas captam sentido do mundo a sua volta, vendo elementos separados e distintos e combinando-os em um todo unificado. Por exemplo, se você olhar formas desenhadas em um pedaço de papel, sua mente provavelmente irá agrupar as formas em termos como semelhança ou proximidade.

O conceito de percepção é muitas vezes ilustrado com a clássica ilusão de "faces ou vasos", também conhecida como o vaso Rubin. Dependendo de você ver o preto ou o branco na figura, você pode ver duas faces no perfil (ou seja, você percebe a cor escura como a figura) ou um vaso no centro (ou seja, você vê branco como a figura).

Note essa imagem, veja o branco e observe o vaso; ao ver preto na figura, você identifica dois rostos frente a frente.

Esse experimento apenas demonstra uma comprovação científica da mente que envolve a Lei da Atração Consciente, que é: não se pode ver duas figuras ao mesmo tempo, ao ver uma delas a outra se desfaz ou some.

O mesmo ocorre na sua vida, não é possível estar em duas realidades ao mesmo tempo, ou você percebe e vivencia a pobreza a escassez e a falta ou você experimenta e vivencia a riqueza, a abundância e a prosperidade. Nunca ambos ao mesmo tempo. Sempre há uma rivalidade reticular e a sua realidade física segue o mesmo princípio.

Desvendando o pensamento consciente

"Tá bem, Lu, mas como eu sei que estou tendo pensamentos conscientes, ou como faço para tê-los?". Siga comigo para ver que esse caminho é fácil. Para tornar isso mais claro eu vou fazer uma comparação com algo que faz parte da rotina da maior parte de quem agora está lendo esta obra.

Imagine aquele momento em que você está digitando no computador algo que, depois, você quer imprimir. Nesse caso, você terá o computador e a impressora interligados, certo?

Ótimo. Vamos, então, um passo além.

Também é claro que aquilo que você digita é o que, depois, ficará registrado no documento impresso, não é mesmo? Se pensarmos dessa forma acerca da nossa estrutura mental consciente e inconsciente, teremos o "EU" – o sujeito digitador – trazendo para a tela as minhas escolhas que, com a impressão, vão se transformar em algo material.

Esses são os meus pensamentos conscientes. Eles refletem as escolhas que a minha consciência fez e o que, de fato, quero trazer para a minha realidade. Lembra que, quando eu trouxe a abordagem teórica do psicanalista Jacques Lacan, nós falamos sobre a plasticidade do inconsciente? Você já aprendeu que o inconsciente é modelável, a partir dos seus pensamentos conscientes.

Pois é. Seu inconsciente é como a impressora aqui nessa metáfora que estou te trazendo. Ele vai executar os comandos que a sua mente consciente der.

Ou seja, seu pensamento consciente gera comandos mentais que seu inconsciente vai trabalhar para executar. Lembre-se de que nós também já entendemos que o inconsciente está longe de ser um porão cheio de sujeiras ou problemas, um lugar que você precisa ter medo de acessar ou que precisa limpar e reprogramar. O inconsciente é inteligência instintiva e intuitiva que você deve acionar, conscientemente, para tomar posse do seu poder mental e pessoal.

O inconsciente não raciocina, não critica, não julga, não condena; apenas executa comandos dados pelo sujeito. Entende que você está no domínio e a consciência é aqui é um ponto fundamental? O inconsciente, no piloto automático, vai rodar essas informações atribuídas pelo pensamento consciente. É como a impressora faz com o que você digita no computador, simplesmente respondendo a uma ordem.

Pensamento consciente é poder

Perceba que não se trata de um acidente, ou de algo aleatório. Você é o sujeito que dá vida aos seus mecanismos, a partir da sua consciência. Veja o poder que tem seu pensamento consciente. Vamos voltar ao exemplo do computador. Questões do passado, como lembranças, memórias, crenças, medo, insegurança e frustrações não entrarão em cena, a menos que eu "digite" e escolha que elas sejam materializadas. De que forma? Lembrando, resistindo, temendo ou dando atenção.

Olhe a chave que eu estou te trazendo: o pensamento consciente é a linguagem que vai "conversar" com o seu inconsciente, é o que vai fazer a sua engrenagem mental trabalhar na realização dos seus desejos. Do pensamento consciente se originam comandos mentais que dão forma ao que você quer. Ali nascem os resultados da sua vida.

Nada é mais poderoso do que a decisão e a escolha vindas do seu pensamento consciente. Atribua-se o papel de gerenciar sua mente consciente, com pensamentos claros e assertivos. Decida que sua vida vai ser diferente da dos seus pais, que a escassez e insegurança financeira, que a falta de merecimento não são mais parte da sua nova estrutura mental.

E não se trata de energética, vibração, frequência ou pensamento positivo, é pensamento correto e este livro vai ter, logo mais, uma sessão tratando apenas do que é isso.

O seu pensamento consciente é a sua ferramenta para conectar e ativar todo um processo neural positivo. Ele é a linguagem que estabelece comunicação e cria pontes entre as nossas esferas consciente e inconsciente, fazendo sua mente trabalhar na direção que você almeja. É um alinhamento que só pode gerar bons resultados. Esqueça essa suposta e ridícula disputa que te coloca na postura de vencer o seu inconsciente.

O inconsciente não é esse ser malvado que aceita as suas instruções. Isso é mentira. Ele não está te sabotando, ele não joga contra você. Ele é seu servo fiel, à espera do seu comando.

O que está te sabotando, o que trava a sua vida e joga contra você é a sua falta de pensamento consciente. Quando você assume a sua consciência, assume seu papel de sujeito e dá esses comandos. A sua consciência manda o seu inconsciente executar. E ele é literal e vai fazer exatamente o que for solicitado.

Não é preciso limpar crenças ou o inconsciente, nem mesmo reprogramar a mente

Você não precisa de nada disso. Você só precisa tomar as rédeas do seu pensamento consciente. Isso é o que te tira do piloto automático negativo, da escravidão ao seu passado e das crenças limitantes.

Uma vez que você assume o poder da sua consciência, o seu inconsciente vai executar os comandos que o seu pensamento consciente emitir. O inconsciente não vai ficar perguntando, duvidando ou dizendo que você não pode porque você tem outras crenças, nem que isso é inviável ou difícil.

Tudo aquilo que você tinha como verdadeiro, como difícil ou sofrido, era baseado em todas as experiências que você viu lá atrás. Escolha abastecer seu circuito mental com pensamentos conscientes empoderados e vai ver o quanto sua vida mudará. Trata-se de automatizar ciclos poderosos.

Inspiração do cinema

Há um filme bastante interessante para pensarmos esse processo de estabelecimento de pilotos automáticos. É "Click", com Adam Sandler, que é bastante conhecido por sinal.

O roteiro tem ligação com o Método Dickens, que propõe uma terapia breve de mudança comportamental. O personagem, basicamente, tem a chance de viajar pela sua vida, do passado ao futuro, e refazer escolhas, colhendo resultados diferentes lá na frente.

Ou seja, na dinâmica do pensamento consciente, ele consegue mudar todas as sequências de eventos que vão acontecer no futuro, inclusive com eventos e situações que deixaram de existir porque houve uma mudança, que podemos comparar a uma troca de canal.

E aqui temos um primeiro ponto. Não ocorre reprogramação da mente. O personagem apenas viu o que fez no passado e o que aconteceria no futuro se continuasse com as mesmas escolhas. Ou seja, escolhas diferentes agora trazem consequências diferentes.

E qual outra questão curiosa que percebemos durante o filme? O personagem recebe um controle remoto, que permite pular certos acontecimentos que considera chatos ou desnecessários.

Mas o que ocorre, no desenrolar da história, é que esse controle acaba desenvolvendo uma espécie de inteligência artificial e não precisa mais dos comandos para saltar etapas. E assim é com a sua mente. Ele automatiza processos e respostas com base nos seus comandos repetitivos.

Isso quer dizer que você precisa estabelecer comandos com consciência, abastecendo esse circuito de maneira empoderadora. Que tal, então, pensamentos conscientes do tipo: "Eu quero muito mais dinheiro sobrando na minha vida, eu escolho muito mais dinheiro sobrando na minha vida", "Tudo é leve e tranquilo na minha vida", "Eu mereço um relacionamento saudável".

Tenha o seu momento Eureka!

Não há uma técnica, não há uma reprogramação da mente que você precisa fazer para isso. Não há um chá que você toma e a sua vida muda, ou um botão que você aperta e como mágica ele muda da noite para o dia. Mas há uma consciência que precisa ser levada a sério e você precisa usar seu pensamento consciente para fazer essas escolhas de maneira assertiva.

Quais sonhos você quer realizar? Para onde você quer ir? Aonde você quer chegar? Quais são suas metas? Quais são seus objetivos? Enquanto você não tiver essa consciência e não assumir a responsabilidade, todas aquelas escolhas que você fez ontem, no mês passado, no ano passado, dez anos atrás ou 90 anos atrás vão continuar gerando os mesmos resultados. Como no filme citado como exemplo.

E, volto a dizer, não é o seu inconsciente que precisa ser reprogramado. Não. Você precisa dar um reset, um basta em tudo isso. Comece a usar o pensamento consciente, porque a única coisa que molda e transforma a sua realidade são suas escolhas conscientes.

Pensamento consciente é direcionado como se fosse um míssil teleguiado. Para você ter um míssil teleguiado indo do ponto A ao ponto B, ele precisa saber onde está o seu alvo. Ele precisa travar o alvo. Então, quando é acionado e se inicia o disparo e daquele momento em diante não sai do foco, ele não sai do alvo até que encontre o alvo e exploda.

Essa sua atenção, esse seu pensamento consciente pode ser ativado facilmente. Basta que você coloque o foco somente naquilo que você quer e não pare até conseguir, até alcançar seu objetivo.

Quando você tem um pensamento consciente, uma ideia ou uma inspiração, todas as conexões neurais são ativadas naquele momento, o que nós chamamos de "momento Eureka!". Por isso muitas vezes você encontra imagens de uma lâmpada se acendendo na lente quando alguém tem um pensamento consciente.

Só que quando se tem um pensamento consciente, essas mesmas ligações neurais são ativadas. É como se uma lâmpada estivesse acesa naquele momento. Para você, portanto, ter um pensamento consciente, saber escolher, dizer exatamente o que você quer, dar o comando exato para que o seu inconsciente assuma. Isso é ter um pensamento consciente.

Pensamento consciente na prática

E para isso ficar ainda mais fácil para você, pois você sabe que a proposta por aqui é que tudo seja simples e direto ao ponto, eu separei dicas bem práticas sobre como você desenvolve e pratica o pensamento consciente. Adapte isso ao seu dia a dia com seriedade e treino.

Exatamente. Consciência se desenvolve e expande com consistência, disciplina e prática.

Antes de mais nada, pensamento consciente é escolher por si, decidir por si. Analise sua vida e mantenha-se centrado nas escolhas que realmente refletem sua essência. Muitas pessoas não alcançam seus desejos porque, por exemplo, estão atuando profissionalmente no mesmo campo que a família toda, apenas para não decepcionar os familiares. Pensamento consciente não é isso. Fazer suas próprias escolhas é a base dos seus pensamentos conscientes.

Esse foco em si próprio também é fundamental para esta outra dica de ouro. A intimidade com o desejo é crucial no caminho das suas realizações. Ele precisa ser cultivado com carinho, sem pressa, ansiedade, dúvida ou preocupação. Portanto, pensamento consciente, para que você atraia as coisas e situações que deseja, precisa fazer sentido e te deixar confortável.

Faça este exercício: Pergunte-se se determinado pensamento consciente que você está emitindo tem mesmo o tamanho dos seus sonhos.

Tenha muito presente que seu pensamento consciente já comunica o seu desejo e estabelece um ponto de atração, abrindo o caminho para a materialização daquilo na sua vida. Isso quer dizer que se trata de pensar e agir. A partir de você ter dado o comando, sua mente vai procurar as formas de criar oportunidades para aquilo se realizar. A realização cabe somente a você.

Quer ficar rico? Comece a estudar o mindset das pessoas milionárias, passe a entender de investimentos. Prepare-se para isso e fique atento a ideias, insights e possibilidades que surjam. Pare de duvidar e confie na sua capacidade.

Quer emagrecer? Defina conscientemente como deseja o seu corpo, quantos quilos pretende eliminar, o que vai "ganhar" com o corpo mais magro e parta para a reeducação alimentar, os exercícios e treinos.

Quer vencer as Olimpíadas? Estabeleça esse pensamento consciente, inicie os treinos – pois todo atleta campeão treina para quebrar seus próprios recordes – e tenha atitudes que o transformem no atleta apto para tal.

Quer encontrar o parceiro ideal? Tenha claro esse objetivo e as características dessa pessoa ou desse relacionamento, desenvolva autoestima e autoamor. Crie o caminho que atrai a realização desse seu pensamento consciente.

Quer abandonar os pensamentos, crenças e padrões negativos? Exercite-se conscientemente na substituição dessas ideias antigas e desenvolva controle emocional.

Pergunte-se: De onde vem isso? De quem é essa crença? Quem fazia isso na minha família? E trabalhe para superar, sem ficar preso ao passado ou projetando o futuro.

Perceba que o seu pensamento consciente significa a decisão e a escolha que vai estabelecer as correlações necessárias para o seu desejo se realizar.

Para ficar claro o que eu chamo de "correlação", vou trazer uma última situação hipotética. Digamos que você quer vender sua casa. Decida isso de modo consciente e direcione-se para a ação focada nesse objetivo. Anuncie o imóvel, procure um corretor; coloque-se em movimento, faça a sua parte.

A partir disso, o seu objetivo focado vai encontrar o desejo de alguém de comprar uma casa exatamente como é a sua. E aí tudo se desenrola com facilidade!

No próximo capítulo, por sinal, eu falo muito mais sobre o seu papel e responsabilidade!

Seu trabalho é pensar no seu desejo e manter a estabilidade desse pensamento! Não duvide, não pense melhor, AJA!

CAPÍTULO VII

O PERCURSO DO FÁCIL

Nesse meu percurso, que faz de mim a única treinadora que te conta a verdade nua e crua sobre a lei da atração, eu vi muitas histórias de pessoas que cometiam um erro muito comum e sério. E sabe qual é? Acreditar que tudo se resume a pensar positivo e esperar a mágica acontecer, o que chamo de pensamento mágico.

Eu preciso ser sincera com você e te dizer que isso nunca vai funcionar. "Mas Lu, você não disse que é o pensamento que cria?".

Claro que eu disse isso, porque o pensamento é mesmo a grande chave. Mas preste muita atenção no que eu vou esclarecer agora: Pensar ou ter pensamentos é muito diferente de pensar consciente. Esse é o pulo do gato. É disso que se trata o exercício do pensamento consciente.

O que acaba acontecendo é que muita gente ouve falar de lei da atração, compra livros, faz cursos de fim de semana e sai achando "Uauuu, então eu vou pensar que tenho muito dinheiro, que conquistei o corpo perfeito ou o relacionamento dos sonhos. Como eu não descobri isso antes?".

Sinto em te desapontar de novo, mas não se trata de um passe de mágica. Eu também acharia incrível se fosse assim, com o pensamento sendo a vara de condão, ou a lâmpada mágica que materializa desejos.

Parta para a ação AGORA!

Mas entenda. Este nosso livro fala muito de autorresponsabilidade, não é mesmo? No caso do eletromagnetismo, ou da lei da atração, isso quer dizer "faça a sua parte". Ou você vai seguir portando-se como a criança mimada que espera tudo na mão, que quer que tudo caia do céu e fazendo o papel da vítima?

Minha conversa é com quem assumiu o controle e quer ser diretor da própria vida. Se você é essa pessoa, venha comigo para entender como funciona e se aplica o pensamento consciente. E aí, eu não tenho dúvidas das grandes conquistas e resultados que virão com o uso e prática do pensamento consciente.

Aprenda a pensar consciente e corretamente

Eu acredito, de verdade, que você quer estar na fila dos vitoriosos. E sabe o que é melhor? Isso só depende de você. Eu, pelo menos, considero isso ótimo e virei uma grande chave na vida ao entender isso. Porque, se a questão é comigo, se trata de "arregaçar as mangas".

Isso significa consciência em torno dos pensamentos e atitude perante a vida. Este capítulo é o momento de eu ser sua treinadora de verdade, mostrando o caminho para colocar em prática seu poder pessoal. São passos definitivos e fáceis, porque dificuldade é um pensamento e uma expressão proibida a partir de agora.

Para isso, inicialmente, você precisa entender que pensamentos são muito diferentes do exercício de pensar corretamente.

Nós temos, em média, 60 a 80 mil pensamentos por dia, sabia? Já pensou quanto disso são meras inutilidades e os mesmos do dia anterior? Percebe que até mesmo lembranças do passado fazem parte desse montante enorme de pensamentos que temos todos os dias?

Muitas, mas muitas das mensagens que eu recebo, todos os dias, ainda mais nesses tempos de redes sociais, são de pessoas que caíram na falácia do "pense e plim" (como mágica). Eu costumo dizer que isso cria uma legião de sonhadores. São aqueles que se perdem no seu mar de pensamentos positivos, sem decisão, sem direcionamento e com zero resultado.

Por isso, eu digo que seu pensamento deve ser correto. Vou trazer um exemplo que, acredito, deixa isso bem claro. Adianta você entrar num carro e se sentar ao volante sem saber aonde quer chegar? Sem definir um objetivo e uma rota, você vai rodar igual a uma barata tonta. O pensamento correto é como o GPS, você determina os pontos de partida e chegada e faz o percurso, fácil e simples assim.

Não é proibido dirigir sem GPS, mas ele te ajuda a percorrer o caminho mais facilmente.

PENSAR CONSCIENTE NÃO É DIVAGAR

Um ponto muito importante a se ressaltar e reforçar, neste momento, é que, se o pensamento consciente é esse direcionador, esse GPS definidor de rota, estamos falando de algo extremamente diferente de simplesmente pensar.

Enquanto você lê este livro, por exemplo, muitos pensamentos sobre o que está escrito passam por sua mente. Isso é divagar e não tem nada de errado. É algo que colabora com o seu aprendizado. Na nossa rotina, vivemos essas divagações o tempo todo. Você está assistindo a um filme e lembra de algo da sua infância; ou está fazendo um treinamento e rememora que a panela está no fogo.

Mas é fundamental entender e ter muito presente que essas divagações não têm nada a ver com o pensamento consciente. Um pensamento que te leve do ponto A ao B precisa ter foco. O pensamento consciente mira e trava o alvo, sem sair do foco.

Quer um exemplo? Não adianta pensar "Eu quero um carro azul com bolinhas vermelhas, ou um carro azul com bolinhas vermelhas".

É preciso responder a outras perguntas, como: Qual é o ano desse carro? O que ele tem como opcionais?

Tenha exatidão na sua meta, no seu objetivo.

Querer mais dinheiro, por exemplo, é muito amplo. O que significa mais dinheiro? Talvez seja R$ 10 mil, R$ 50 mil, R$ 900 mil ou R$ 20 milhões. Defina o valor e vá além. Serão propriedades, títulos, ações ou outros investimentos? Isso é o que você deseja por mês? Isso é pensamento consciente, que, efetivamente, se transforma em comando para todo o seu sistema mental, que passa a trabalhar na materialização desse desejo.

Além disso, sempre tenha em mente que sua atenção deve estar no que você quer. Afinal, tudo aquilo em que se coloca foco, aumenta; o que recebe nossa atenção fica maior. E isso vale para a doença, a falta de amor, a dívida, a falência; ou muito dinheiro, sucesso, reconhecimento e referência.

Outro ponto crucial. Pensamento consciente é você no controle e na certeza de que aquela é sua escolha e seu alvo. E nada de voltar atrás ou negociar para a meta ser supostamente mais fácil. Eu queria R$ 500 mil, mas R$ 100 ou R$ 50 mil já está bom. Isso não é pensamento consciente, é medo. Medo de não atingir o seu objetivo. Medo de não chegar lá. Algo que não combina com pessoas que decidiram tomar as rédeas da vida e assumem seu poder pessoal.

A falácia do pensamento positivo

Fique muito atento a outra questão extremamente importante: jamais confunda pensamento consciente e correto com pensar positivo. Essa crença é o que gera o que eu chamo de burros motivados.

Entenda bem, não se trata de menosprezar ninguém. É apenas uma força de expressão para chamar sua atenção para esse equívoco muito comum. Achar que tudo se resolve com pensamento positivo é ser aquela pessoa que vê o mundo caindo ao redor, mas fica reafirmando "Eu estou pensando positivo, vai se resolver". Mas cadê a sua ação? Pensamento positivo é muito bom quando você está fazendo aquilo de que precisa, mas muito ruim quando não se quer fazer o que é necessário.

ISSO É PENSAR CORRETAMENTE

"Mas, Lu, se pensamento correto também não é pensamento positivo, o que é isso afinal?". Lá vão as respostas:

Pensamento correto é decisão. Significa escolher uma dentre os sem número de experiências possíveis;

Pensamento correto é preciso. Nada de divagações como "Quero ganhar na loteria", "Quero ser magra", "Quero um relacionamento para ser feliz". Nunca se esqueça de que o princípio do eletromagnetismo traz mais do mesmo. Você vai continuar querendo eternamente.

Pensamento correto te dá foco. "Emagrecer 20 quilos", "Atingir renda mensal de R$ 30.000", "Ter R$ 1.000.000,00 na conta de investimento", "Encontrar o parceiro perfeito"; esses são pensamentos corretos. Percebe que eles te dão foco e direcionamento? Quando eu penso apenas em ganhar na loteria, por exemplo, posso atrair um prêmio de R$ 2,00. Isso não é ser milionário, mas continua sendo ganhar na loteria?

Quando eu me mantenho nos pensamentos vagos, o resultado é atrair qualquer coisa, inclusive o que eu não quero. Daí é que, no Método Lei da Atração Consciente®, eu trago o conceito também único de chaveamento. Chavear quer dizer justamente estabelecer essa precisão para o meu desejo, cercá-lo da especificidade necessária para ser assertivo.

Você poderá chamar como preferir. Ativações, comandos mentais, finalizações, selagem, acabamento, fechamento, ou como eu prefiro batizar, já que fui eu quem criou esse método de CHAVEAMENTO.

Entenda o chaveamento

Quando eu te ensino a chavear, estou falando de você decidir, escolher o que deseja com a especificidade necessária para que o resultado seja o esperado. Em outras palavras, chaveamento é a forma de não deixar espaço para interpretação equivocada, para que seu desejo não se realize do jeitinho que você espera.

Veja bem: se tudo no Universo é literal e responde aos meus comandos, estabelecidos a partir do pensamento consciente, cabe a mim emitir uma ordem que não se transforme num "tiro que sai pela culatra", como diz a expressão popular.

E isso acontece a partir de você chavear, garantindo que tudo vai sair da forma como escolheu e desejou. Por isso eu digo que o chaveamento significa você deixar bem claro o que almeja e o que não quer.

Aqui vai uma metáfora. No momento em que você chega a uma hamburgueria, por exemplo, e escolhe um item do cardápio, digamos que um hambúrguer de bacon. Suponhamos, também, que um dos ingredientes desse item do cardápio que você vai pedir seja cebola. Mas você não gosta de cebola. Caso não diga ao garçom para retirar a cebola, o lanche vai vir com a cebola e você não vai gostar. Ou seja, faltou chaveamento no seu pedido, para que ele fosse atendido como você esperava. Coloque agora o universo no lugar desse garçom. Como é que ele vai saber se você quer com ou sem cebola? Não tem como ele adivinhar, mas você deve esclarecer, chavear, finalizar o pedido explicando que prefere sem cebola.

Pense comigo numa outra situação. Quando eu faço um bolo, preciso que o forno esteja na temperatura correta e até mesmo tenho que untar a forma da maneira adequada, ou o resultado será desastroso, não é mesmo? Então, chavear é justamente cuidar desses detalhes fundamentais para ter sucesso na sua realização.

"Não entendo como isso funciona, tia Lu". Fique tranquilo. Vou trazer exemplos e situações para você ver como é muito simples. Muitas pessoas me escrevem preocupadas em pagar as contas e buscam entender como podem ter mais dinheiro. Isso apenas para trazermos uma situação ilustrativa.

Veja que o pensamento consciente de ter mais dinheiro, por si só, é muito vago. E aí, você pode conseguir R$ 5,00 a mais. Concorda que já significa mais dinheiro? Agora, se eu determino que minha escolha é ter quantias maiores entrando, com valores significativos sobrando, é outro direcionamento. São especificidades que expressam o chaveamento.

Veja como chavear

Na hipótese de você ter despesas mensais de R$ 5.000,00, por que não focar em R$ 10.000,00, vai cobrir e sobrar!

E isso ainda pode ser mais específico. Escolha, por exemplo, R$ 100.000,00 na sua conta de investimentos, para você aproveitar uma oportunidade de negócio, comprar aquele artigo que tanto está querendo ou fazer a tão sonhada viagem.

Por sinal, ter presente, no seu pensamento consciente, como vai usar somas em dinheiro, é uma ótima forma de chavear.

Em relação a um carro, determine a marca, o modelo, o ano. É a garantia de realizar exatamente o que deseja.

Com relação ao seu trabalho, um chaveamento que funciona é determinar "Ficarei nesse cargo ou empresa até que eu decida sair". Decida o valor que pretende ganhar e o cargo que escolhe ocupar.

Se o desejo é aumentar o seu número de clientes, por exemplo, escolha "Ter três novos clientes todos os dias ou meses". Percebe como ter três clientes todos os dias ou meses é muito melhor que o comando de ter mais clientes? Nesse primeiro caso, eles podem acabar sendo sempre os mesmos.

Dica de ouro: Sempre – eu disse sempre – tenha foco no resultado final. Exemplo: Quero um apartamento de frente para o mar; e agora, o que eu faço? Foco no dinheiro ou no financiamento? Em nenhum dos dois, seu foco deve ser o apartamento, não os meios de adquiri-lo, o meio é só o transporte até lá, seja de carro, de Lamborghini, de avião, de bicicleta ou de patinete, o importante é conseguir o que você escolheu, ou seja, o resultado final é o que prevalecerá.

Viu o problema que pode ocasionar a falta de chaveamento? Eu tive um aluno que, antes de entrar no meu treinamento e aprender sobre o chaveamento, desejou ardentemente uma Ferrari. Pois bem. Durante muito tempo, ele visualizava o carro, via os detalhes do volante e mantinha o foco no logotipo da Ferrari. E sabe o que aconteceu? Ele atraiu o volante da Ferrari num joystick de videogame. Era o volante da Ferrari, só que não era do carro, era do brinquedo.

Não foi o eletromagnetismo, ou a lei da atração dando errado, foi ele que não direcionou o pensamento consciente de maneira correta e, principalmente, não chaveou. O foco tinha que ser o carro, os detalhes e características do carro, ele dirigindo o carro, passeando com a família; e não a logomarca da Ferrari. Exemplo clássico de não chavear e o tiro sair pela culatra.

Nesse mesmo sentido, eu lembro de um antigo comercial do guaraná com um roteiro bem interessante. Era um rapaz que encontrava o gênio da lâmpada e pedia uma mulher que o amasse incondicionalmente. Eis, que, então, surge a mãe do personagem. E ele diz ao gênio "Como assim, está errado, não pedi a minha mãe?". E o gênio diz: "Você que não soube pedir". Leia-se, nas palavras da tia Lu: "Chaveie seu pensamento consciente".

Esses cuidados constroem pensamento correto, que se converte em comandos mentais. E aí, sabe o que acontece? Sua mente passa a operar, inclusive em nível inconsciente, para que isso se realize.

Sim, seu inconsciente vai trabalhar incansavelmente a favor do seu desejo quando souber com exatidão o que você quer, pois, afinal de contas, seu inconsciente é um servo que obedece a seus comandos, ele não questiona, não julga e não condena, apenas cumpre ordens do seu pensamento consciente.

É quando a brincadeira começa a ficar divertida. Eu costumo dizer que se inicia um legítimo "balé", uma corrente de eventos que vai atraindo todas as pessoas, circunstâncias e oportunidades para que seu pensamento se realize. Isso é de verdade eletromagnetismo!

Notem que não é nada quântico, místico, técnico, vibrátil ou mágico, é consciência. Fácil assim!

E a partir daí, a sua parte será permitir que tudo de bom aconteça e estar atento, tomando as atitudes necessárias e assertivas, diante de cada possibilidade que surge. Dominando seu pensamento consciente e mantendo sua consciência ativa, facilmente você se mantém na direção dos seus sonhos, tomando conta das emoções e dos sentimentos que são secundários a um pensamento consciente.

A CONSTRUÇÃO DA SUA NOVA MENTE

Lembra que, quando te contei sobre neuroplasticidade do cérebro, falamos sobre a proposta de Joe Dispenza de construção da sua nova identidade? Os pensamentos conscientes e corretos são seus principais apoiadores nisso.

Eles dão a base de construção de novas redes neurais e hábitos, que vão dar vida à sua nova identidade, essa consciência no uso do poder mental. Os alunos do meu curso on-line aprendem a se ressignificar e trabalhar o inconsciente como um aliado, fornecendo as respostas necessárias para as mudanças e automatizando ciclos de hábitos assertivos. Você trabalha o pensamento consciente e elementos de linguagem como pontos ativadores de novos processos neurais.

Nada vai acontecer da noite para o dia, mas com o tempo a sua transformação interna, ancorada no pensamento consciente, vai refletir-se externamente. O tempo todo você vai usar seu poder mental e ter resultados, de maneira simples, prática e fácil, do jeitinho que a tia Lu gosta.

É como andar de bicicleta. Você nunca esquece, só vai aprimorando a prática. Assim como você primeiro usou as famosas "rodinhas" e foi renunciando a elas, despertar esse poder consciente e pessoal é um exercício de consciência e quebra de resistências mentais.

Quer ver alguns caminhos para isso?

Questione: Faça perguntas a você mesmo, usando afirmações de modo consciente, colocando sua mente na busca das respostas. É uma ferramenta muito poderosa de ressignificação mental. Sócrates já usava isso, que até hoje é conhecido como Modelo Socrático, que nada mais é do que fazer perguntas até chegar à raiz da resposta e encontrar a solução.

Anote aí alguns excelentes exemplos:

- Por que minha vida é tão fácil?
- Por que o dinheiro vem a mim com tanta facilidade?
- Por que minha autoestima é tão forte?

Use comandos com declarações. E veja bem, não se trata das famosas afirmações positivas que você repete como se fosse um papagaio. Trata-se de pensamentos empoderadores, que substituem os limitadores. É consciência e consistência modelando a sua mente.

Veja que incrível você abastecer conscientemente seu cérebro com frases como:

- Eu estou em processo de ser cada vez mais próspero(a);
- Eu me torno cada dia uma pessoa mais alegre;
- Eu sou cada vez mais espontâneo(a);
- Eu me torno, todos os dias, mais equilibrado(a) do que já fui;
- Eu me torno referência na minha área de atuação.

NEUROCRIAÇÃO DA REALIDADE E O CCR

Agora quero reservar um tempo para falar com você sobre o CCR.

CCR? O que é isso? Criação Consciente da Realidade. Eu já comentei várias vezes neste livro o meu Método Lei da Atração Consciente® e o quanto ele vem revolucionando vidas no mundo todo. Nossa universidade corporativa Templo do Saber, atualmente em formato EAD, vem revolucionando a lei da atração a nível mundial e dentro da metodologia eu trago estudos e evidências científicas aliadas à neurocriação da realidade. Para isso eu criei um modelo de criação consciente da realidade unindo a Neurociência e o eletromagnetismo do pensamento. Genial, né?

O CCR você só encontra no Método, é um passo a passo no qual você irá aprender a criar os cenários da realidade para cada área da sua vida: financeira, amorosa, sucesso, familiar, saúde, expansão de consciência, enfim, tudo o que você puder escolher, você pode realizar e experimentar, basta transformar pensamentos em realidade. Mas como isso é possível? O CCR baseia-se no consciente, existem protocolos de recognição, para treinar a sua mente a superar traumas, medos, fobias, questões da infância e qualquer bloqueio que possa estar travando a sua mente.

Além do modelo exclusivo para a criação de novas conexões neurais e a criação consciente da realidade usando cenários em sua mente. Tudo isso com passo a passo e acompanhamento da sua treinadora.

Testado e aprovado por milhares de alunos no Brasil e no mundo, é diferente de tudo o que já te ensinaram por aí, só que eu preciso te alertar: as turmas do Método são sempre lotadas. Como a universidade só abre turmas em alguns períodos do ano, tivemos que criar uma lista de espera para dar conta de tantas pessoas buscando aprender utilizando o Método.

E se você ainda precisa de técnicas e frequência vibracional

Ainda que você queira defender a vibração e a energia vibracional como principal fonte criadora da realidade, aliada ao sentimento como potencializador de resultados – quem defende e usa esses critérios e técnicas deveria ser o(a) primeiro(a) da fila, como o aluno aplicado que chega cedo para sentar-se na frente do professor durante a aula –, seria necessário ter conhecimento TOTAL do pensamento consciente, pois de nada vale manter a frequência vibracional elevada se não souber dominar os próprios pensamentos.

Imagine a pessoa que manteve (ou tentou manter) a vibração ao longo do dia, mas que, sem saber como usar o pensamento consciente, teve no final da noite um pensamento duvidoso que a fez titubear de tudo o que produziu de "vibração" durante o dia todo, "estragando" todo o esforço de um dia inteiro, tendo que voltar ao fim da fila e recomeçar a elevar a frequência novamente. Que cansativo e estúpido (esse comportamento) eu diria, no mínimo!

Quem usa técnicas e mantém a frequência vibracional elevada deve ser o(a) maior especialista em pensamento consciente, para evitar que um pensamento ruim ou mal-intencionado durante o dia destrua toda a construção e elevação da frequência vibracional, estragando todo o "possível" e fadado ao fracasso, resultado de melhorias.

O MÉTODO LEI DA ATRAÇÃO CONSCIENTE® É PARA VOCÊ QUE:

Quanto mais tenta visualizar, vibrar ou deixar a sua energia positiva, mais estressado(a) fica, por não atrair tudo o que deseja;

Não quer viver no raso, dependendo de técnica difícil para atrair os seus sonhos;

Quer parar de viver na escassez, viver no limite do cartão ou sem ter dinheiro sobrando para ajudar quem ama;

Quem quer não só a vaga no estacionamento, mas ser o(a) dono(a) do estacionamento;

Escolher onde vai morar, para onde vai viajar sem se preocupar com empréstimo ou ficar devendo;

Quer atrair o verdadeiro amor da sua vida e se tornar a pessoa mais realizada;

Já tentou várias técnicas, mas só consegue quantias pequenas de dinheiro, como R$100, R$500 ou uma vaga simples de emprego, mas ainda não saiu da mesma vida de sempre;

Quer ter liberdade financeira para não depender da aposentadoria, ficar tranquilo(a) mesmo em situações complicadas de saúde na família;

Não quer mais viver com a conta no vermelho e ter a mentalidade de quem sabe controlar a situação financeira para sempre.

ANTES DE ENCERRAR, QUERO DEIXAR UMA SEMENTE

Qual o tamanho dos seus sonhos?

Qual o tamanho dos seus pensamentos?

Pensar do tamanho dos seus sonhos é assumir a sua grandeza, é se colocar em seu lugar de direito, é pensar para se tornar do tamanho da vida que você escolhe viver!

Quem eu escolho ser de fato?

Qual o tamanho do meu sonho?

Qual o nível da realidade que quero conquistar? (Nunca é sobre quem você está sendo, vivendo ou aceitando, é sempre sobre o que você mais deseja intimamente.)

Quero viver apenas no limite das contas e dos boletos, ou quero chegar a níveis maiores?

Quero andar de ônibus/metrô a vida toda, ou quero experimentar entrar na loja e escolher o carro ao meu gosto, não ao alcance do meu bolso?

Quero viajar na primeira classe com uma taça de champanhe ou ficar na fila esperando para sentar-me numa poltrona horrível e apertada?

Quero viver em uma casa aconchegante, confortável, limpa e segura em um bairro lindo e bom para meus filhos, ou vou morar apertado(a) no meio da violência e do medo o tempo todo?

Quero trabalhar com algo incrível que eu amo fazer, ou vou continuar sendo desvalorizado(a) e mal pago(a) no trabalho que detesto?

Se você não está pensando nem vivendo de acordo com o seu potencial, é porque você ainda não pagou o preço. Que preço? O preço para se andar de Ferrari.

A Ferrari não é de graça, ela tem um preço, se tem um preço é preciso pagar por ela. Eles sorteiam carros populares, nunca uma Ferrari; então, se você quer viver a vida dos seus sonhos, aceite pagar o preço dessa vida.

Quem quer se tornar médico precisa pagar o preço de estudar durante 10 anos, renunciar às festas com amigos, aos bares e às noitadas para estudar durante as madrugadas, precisa arcar com os custos de moradia, alimentação e os livros da faculdade (mesmo quem tem bolsa de estudos), precisa decidir e pagar o preço.

Quem quer tudo de graça e não valoriza, não paga, não faz a sua parte são os mesmos que nunca crescem na vida. Quer viver a vida dos seus sonhos? Não espere esmola, pague o preço que vale e exija o melhor, aquilo que você merece!

Eu sei, pagar o preço de ficar longe dos "amigos", de desligar a Netflix e abrir um livro, de entrar no treinamento e não apenas assistir a vídeos no YouTube é o que separa os vencedores dos perdedores.

Não espere nada de graça, lembre: a Ferrari não é brinde, ela tem valor e o seu sonho também. Quem quer tudo de graça nunca tem nada, pois tudo o que é grátis vale pouco ou quase nada.

CONCLUSÃO

Decida e siga em frente!

Eu fico muito feliz que você tenha vindo comigo até aqui e feito a opção pelo Fácil. Ele mudou minha vida e vai mudar a sua.

Essa certeza é o que guiou todo o meu trabalho de criação de um método exclusivo, que sistematiza a Lei da Atração Consciente com simplicidade e praticidade, uma metodologia que também deu origem ao Templo do Saber, uma escola que se transformou em uma Universidade Corporativa EAD.

E neste momento de encerrar esta obra, eu proponho a você, meu querido leitor, uma reflexão.

Como um princípio natural, como o eletromagnetismo, que é a base de tudo o que falamos no decorrer desta obra, poderia ser algo complicado, difícil, que te provocasse angústia, dúvida e hesitação?

O Fácil, como você viu neste livro, tem passos simples e que são definitivos para você, finalmente, ter resultados com a lei da atração. Você agora está de posse de um verdadeiro manual sobre como ativar o poder do pensamento consciente.

É o fim da tentativa e erro. Confie no pensamento consciente e em seu processo de crescimento, estabeleça metas tangíveis e persista. A diferença entre o sucesso e o fracasso é a coragem de não desistir.

Assim como a água encontra o caminho mais fácil e é capaz até mesmo de destruir o mundo, pensar conscientemente, um dia após o outro, vai te fazer alguém mais inteiro, que constrói uma nova história, cheia de conquistas e realidades.

O Fácil não é uma vara mágica, mas te ensina a ter consistência de assumir o seu poder mental. Chega de vitimismo, abandone o passado, esqueça o medo do inconsciente. Tudo o que você NÃO fez até agora foi cuidar de seus pensamentos conscientes.

Mas agora você sabe disso e sabe que só depende de você. Abandone as ideias arraigadas de que as coisas são difíceis. O Brasil tem uma cultura de que é complicado ter trabalho, ganhar dinheiro, ter sucesso. Mas com o poder do pensamento consciente, você escolhe outro caminho.

Para de abandonar você, a única pessoa efetivamente interessada em tornar sua vida mais fácil e melhor. Assuma a direção do seu destino e seja o protagonista de mais uma das milhares de histórias de transformação que o Método coleciona. Eu estou com você nessa jornada de transformação e vou querer saber das suas vitórias.

Você merece o sucesso que só depende da sua decisão e persistência.

Portanto, saiba que:

"Nada tem importância exceto aquilo a que você dá importância".

Nesse caso, dê importância somente ao que você quer de verdade.

Dê importância somente às coisas boas.

De importância somente ao fácil.

De importância somente às suas conquistas.

De importância somente ao que é bom para você.

Mas lembre-se: TUDO É FÁCIL!

Beijos da tia Lu.

Dra. Lucimara de Morais
A mulher por trás do Fácil!
Sua mentora e treinadora
Até mais!

Inspirações da tia Lu

No fechamento desta minha obra, quero te deixar frases que vão te ajudar e inspirar diariamente. Leia sempre. Use, sem moderação, como um manual de consulta para ter o controle da sua vida e seguir no Fácil.

São formas de reforçar o aprendizado que tivemos no livro!

Não basta saber todas as teorias e não aplicar na prática, tudo deve ser fácil, pois para o universo TUDO É FÁCIL!

Tudo já existe, basta que você escolha qual realidade pretende experimentar agora!

Se eu não escolher, ou não tiver consciência do que eu escolho, irei repetir o erro anterior e continuar vivendo mais do mesmo!

Com toda a certeza não é o sentimento, a fadinha mágica da atração, mas sim a consciência e o pensamento consciente que tornam possíveis todas as coisas!

Pensamento consciente é algo que você sempre atrai. Querendo ou não, sendo bom ou ruim, você atrai. Pensou, atraiu!

Aprenda com quem também me ensina

E já que a ideia é fechar "O Poder do Pensamento Consciente" com grandes insights que vão fazer toda a diferença na sua rotina, fique com estes grandes ensinamentos.

Separei para você alguns pensamentos que podem, de verdade, mudar a vida!

- *"A liberação da energia atômica mudou tudo, menos nossa maneira de pensar." (Albert Einstein)*

- *"Pensar é o trabalho mais difícil que existe. Talvez por isso tão poucos se dediquem a ele." (Henry Ford)*

- *"A alegria que se tem em pensar e aprender faz-nos pensar e aprender ainda mais." (Aristóteles)*

- *"Aprender sem pensar é tempo perdido." (Confúcio)*

- *"Quem pensa pouco, erra muito." (Leonardo da Vinci)*

- *"É sobretudo na solidão que se sente a vantagem de viver com alguém que saiba pensar." (Jean-Jacques Rousseau)*

- *"Os homens distinguem-se entre si também neste caso: alguns primeiro pensam, depois falam e, em seguida, agem; outros, ao contrário, primeiro falam, depois agem e, por fim, pensam." (Leon Tolstói)*

- *"Pensar sem aprender torna-nos caprichosos, e aprender sem pensar é um desastre." (Confúcio)*

- *"Quanto menos os homens pensam, mais eles falam." (Barão de Montesquieu)*

- *"O pensamento positivo pode vir naturalmente para alguns, mas também pode ser aprendido e cultivado, mude seus pensamentos e você mudará seu mundo." (Norman Vincent Peale)*

- *"Palavras. Mantenha suas palavras positivas, porque suas palavras tornam-se suas atitudes. Mantenha suas atitudes positivas, porque suas atitudes tornam-se seus hábitos. Mantenha seus hábitos positivos, porque seus hábitos tornam-se seus valores. Mantenha seus valores positivos, porque seus valores... Tornam-se seu destino." (Mahatma Gandhi)*

- *"É tudo uma questão de pensar positivo, você é do tamanho do seu sonho, amigo." (Rapper Dexter)*

- *"Não entrar na maldade dos outros, cultivar pensamentos positivos é a forma de você proteger-se, conservar a saúde, manter a serenidade e realizar seus projetos de progresso com sucesso. Ao surgir um pensamento negativo, não dê importância e mude o foco, faça outro positivo e persista. Você tem esse poder!" (Zíbia Gasparetto)*

- *"Por que não considerar todas as religiões positivas como a forma que o pensamento humano em cada religião deverá necessariamente tomar, e que continuará a tomar, em vez de fazer de uma dessas religiões o objeto dos nossos risos ou das nossas cóleras?" (Gotthold Lessing)*

- *E a frase que jamais poderia faltar a esta obra, a de alguém que considero um mentor, um guia e sem sombra de dúvidas minha maior inspiração nessa carreira, meu pai de coração, Luiz Antônio Gasparetto: "você está onde você se põe!".*

TUDO É FÁCIL!